To Robert

"One kind deed deserves
another"!

Many thanks.

Dad.

ÉPICURE ET SES DIEUX

OUVRAGES DU MÊME AUTEUR

La Philosophie platonicienne de l'amour de Marsile Ficin et son influence sur la littérature française au XVI⁰ siècle. Coïmbra, 1923. Deuxième édition, Paris, Vrin, 1941.

L'Idéal religieux des Grecs et l'Evangile. Paris, Gabalda, 1932 (coll. Etudes Bibliques). Epuisé.

Socrate. Paris, Flammarion, 1934 (coll. Les Grands Cœurs). Epuisé.

Le Monde gréco-romain au temps de Notre Seigneur. Paris, Bloud & Gay, 1935, 2 volumes (le vol. I en collaboration avec Pierre Fabre, professeur à la Faculté des Lettres de Strasbourg). Epuisé.

Contemplation et Vie contemplative selon Platon. Paris, Vrin, 1936. Epuisé.

L'Enfant d'Agrigente. Paris, Editions du Cerf, 1941. Epuisé.

La Sainteté. Paris, Presses Universitaires de France, 1942 (coll. Mythes et Religions). Epuisé.

La Révélation d'Hermès Trismégiste, I, *L'Astrologie et les sciences occultes.* Paris, Gabalda, 1944 (coll. Etudes Bibliques).

La Religion grecque, dans *Histoire générale des Religions*, II, *Grèce et Rome.* Paris, Quillet, 1944.

Traductions

Aristote, *Le Plaisir* (*Eth. Nic.*, VII, 11-14, X, 1-5), introduction, traduction et notes. Paris, Vrin, 1936.

Trois Dévots Païens (Firmicus Maternus, Porphyre, Sallustius). Paris, Editions du Vieux Colombier, 1944. Trois volumes. Epuisé.

Hermès Trismégiste, texte, traduction et notes (en collaboration avec A. D. Nock, Harvard University). Paris, Les Belles Lettres, 1946. Deux volumes.

MYTHES ET RELIGIONS
Collection dirigée par P.-L. COUCHOUD

ÉPICURE
ET SES DIEUX

par

A.-J. FESTUGIÈRE, o. p.
Directeur d'études à l'École des Hautes Études

PRESSES UNIVERSITAIRES DE FRANCE
108, Boulevard Saint-Germain, PARIS
—
1946

DÉPOT LÉGAL
1re édition .. .. .. 4e trimestre 1946
TOUS DROITS
de traduction, de reproduction et d'adaptation
réservés pour tous pays
COPYRIGHT
by *Presses Universitaires de France*, 1946

PRÉFACE

L'homme n'est pas heureux. Depuis le vieil Homère et son propos sur les « hommes d'un jour », nul peuple, autant que le grec, n'a médité sur ce fait. Le Grec pose sur la vie un regard sans illusion. C'est le grand thème de la misère humaine qui inspire aux chœurs tragiques leurs inoubliables plaintes. Les moralistes de la Grèce font écho à ses poètes : « La terre entière », dit Épicure, « vit dans la peine ; c'est pour la peine qu'elle a le plus de capacité ».

Le pessimisme est naturel à tout être ardent à vivre, dès là qu'il mesure la distance entre ce à quoi il aspire et ce qu'il obtient en fait. Mais une vue pessimiste des choses ne mène pas nécessairement à l'inaction. Il se peut que le but soit difficile à atteindre, que la conquête du bonheur exige un dur effort : mais précisément cet effort démontre la noblesse de l'homme. Celui-ci n'est jamais si grand, ne s'affirme jamais si bien dans son être propre d'homme que lorsqu'il manifeste sa force, soit qu'il soutienne l'infortune ou triomphe d'un sort contraire. Tout un courant héracléen traverse la pensée grecque. Le mythe du héros dorien a jailli des profondeurs mêmes de la race en son tout premier âge : depuis lors, dans la Grèce féodale de Pindare, dans l'Athènes de Périclès, victorieuse et dominatrice, dans l'Athènes de Conon et de Timothée, vaincue par Sparte mais fière encore et prompte à restaurer ses forces, dans l'Athènes de Démosthène, puis chez les philosophes du Portique, et, par eux, par l'influence qu'ils exercèrent, dans tout le monde civilisé jusqu'à la fin du paganisme, toujours, de siècle en siècle, Héraclès et ses travaux garderont leur valeur de modèle. Marc-Aurèle compare le sage au rocher que le flot recouvre, mais n'ébranle pas (IV 49, 1) ; Plotin rappelle aux gnostiques que le sage ici-bas repousse les coups du sort par sa force d'âme (II 9, 18) ; Sallustius prononce que la meilleure récompense du vertueux est le sentiment qu'il a de n'avoir obéi qu'à soi-même en conformant sa vie à ses principes (*de dis et mundo*, 21).

Ainsi le sentiment pessimiste de la vie n'a-t-il point conduit, en Grèce, à une doctrine d'abandon : joint à un beau courage naturel, il a suscité plutôt une morale de lutte et d'effort. Tant que la cité fut libre, c'est au service de la cité que se déploya cet effort. Quand se brisa le cadre de la cité qui, durant trois siècles au moins, avait fourni à l'homme grec le moyen de s'épanouir, cette rupture devait produire une crise redoutable.

Les conquêtes d'Alexandre, puis les guerres des diadoques, ont bouleversé le monde. Les petites cités grecques ayant perdu, avec l'autonomie, le droit de décider de la paix et de la guerre, ne peuvent plus nourrir aucune pensée de grandeur. Dans l'Athènes du ve et du ive siècle, tout citoyen, en un sens, était prince : Aristophane a beau railler, c'est vraiment le vieillard Démos qui gouvernait l'Empire athénien. Mais à partir de Cassandre, et surtout d'Antigone II, la Grèce n'a plus qu'un seul maître. Si l'on veut jouer quelque rôle, il faut entrer au service de ce maître, ou bien, quittant la patrie, courtiser les monarques d'Égypte ou de Syrie. Comment s'adapter à ce fait nouveau ? Quelle attitude prendre, si du moins l'on entend vivre en honnête homme, conformément à des principes ? Doit-on bouder, ou agir ? Et, dans ce cas, selon quelles règles ?

Tel est le problème qu'auront à résoudre les diverses écoles de la sagesse hellénistique. Dans les solutions qu'elles offrent, on découvre des traits communs, et d'autres par où elles s'opposent.

Ce qui les rapproche toutes, c'est que l'homme désormais doit trouver en lui-même le principe de sa liberté. Jusque-là l'homme grec avait été presque exclusivement citoyen ; et, en tant que citoyen, il n'avait eu pour maître que la loi. Cette loi sans doute s'imposait à lui avec une autorité absolue : mais c'est lui qui l'avait faite. Il lui appartenait, à l'Assemblée du Peuple, quand on proposait une loi, de prendre la parole pour l'admettre ou la rejeter ; et même s'il n'osait parler, il avait le droit de vote. En sorte que, sous le régime de la loi, le citoyen était libre. Maintenant la loi était le fait du prince, ou de son gouverneur à Athènes. Et dût-on, en apparence, laisser à la constitution toute sa forme extérieure, tant que les soldats du prince occupaient les collines d'Athènes, il n'était plus question de vraie liberté. Il fallait donc chercher en soi-même une liberté intérieure qui affranchît des hommes : la vie *adespotos*, « sans maître », voilà l'un des mots typiques de la nouvelle sagesse (Épicure, *Ep.*, III, 133 ; encore Sallustius, 21).

Il n'était pas moins urgent de se rendre libre à l'égard de Tyché. Sans doute le Grec du ve et du ive siècle avait-il éprouvé ses coups. Athènes, pour ne parler que d'elle, car elle est le cœur de la Grèce (1), Athènes avait connu d'affreux désastres. Mais toujours elle s'était relevée. Et le citoyen d'Athènes trouvait une consolation à ses malheurs privés dans la pensée de sa patrie, dans la ferveur de son amour pour elle, dans son zèle à la servir. Maintenant, il n'y a plus de cité. L'homme est seul en face de la Fortune. Et c'est l'heure où cette Inconstante frappe le plus rudement sur la Grèce : « Se rire de Tyché » (Épicure, *Ep.*, III, 133), voilà une autre maxime de la sagesse hellénistique.

Qui veut être indépendant des hommes et de la Fortune doit apprendre à se suffire. Le sage du iiie siècle est un être « qui se suffit » *(autarkès)*. Cela veut dire qu'il n'a besoin, pour être heureux, que de lui-même. Il travaille à se rendre indifférent, « insensible » *(apathès)*, à tout ce qui vient de l'extérieur. Il ne recherche rien d'autre que l'égalité d'âme, une sérénité pareille à la mer tranquille *(galénismos)*, à l'eau calme des ports que nul courant ne trouble *(ataraxia)*. Tels sont les traits communs aux sages hellénistiques, de quelque école qu'ils se réclament, Cynisme, Portique ou Jardin.

Mais ces écoles divergent par d'autres caractères. Ne considérons que les deux principales, celles d'Épicure et de Zénon. Et voyons-les à l'œuvre sur le point capital, l'acquisition du bonheur, en commençant par la Stoa.

(1) Ἑλλάδος Ἑλλάς : épitaphe d'Euripide, *Vit. Eur.*, 135 W.

L'homme veut être heureux. Or c'est un dogme hérité de la philosophie intellectualiste du IVe siècle que tout être, pour être heureux, doit vivre selon son essence, obéir à sa nature. Quelle est donc la nature de l'homme ? C'est encore un dogme hérité de l'Académie que l'homme est essentiellement intellect, et que cet intellect est de même nature que l'Intelligence divine. Ceci, dans la Stoa, doit se prendre à la lettre : la raison humaine n'est qu'une parcelle du Logos divin. Or, comme le Logos divin est identique à la Nature universelle, comme, d'autre part, vivre selon sa nature c'est vivre selon le Logos, suivre sa nature d'homme et suivre la Nature du Tout sont même chose. Dans cette soumission consiste la vertu. Le sage est donc le vertueux. Et le vertueux est parfaitement heureux puisqu'il vit selon sa nature. Tout se résume dès lors dans un consentement à l'Ordre, ou, ce qui revient au même, à la Destinée. Cela seul compte ; tout le reste, santé ou maladie, richesse ou pauvreté, louange ou dédain des hommes, tout est indifférent. Le sage, accordé aux étoiles, contemple l'ordre du monde et trouve en cette contemplation sa liberté.

D'où résulte que le sage possède une règle d'action. Fermement assuré que son vouloir est conforme au Vouloir universel, il se sent propre à gouverner les hommes. Rien ne pourra l'arrêter, puisqu'il ne s'appuie que sur la vertu et ne tient compte de rien d'autre. La morale stoïcienne deviendra ainsi l'éducatrice des chefs. Si elle n'exerce encore qu'une faible influence sur les rois hellénistiques, qui, pour la plupart, sont de purs réalistes, elle subjuguera les Romains : un Caton, un Marc-Aurèle, quantité de gouverneurs de provinces ont été formés par elle. Dans le débat institué à l'aube de l'hellénisme : « faut-il agir ? » et « comment agir ? », le stoïcisme a pris parti pour l'action. Il a enseigné des règles. Et de là vient qu'il a joué un si grand rôle dans l'histoire de la civilisation.

Bien différente est la sagesse épicurienne. L'homme veut être heureux. Or, ce qui entrave son bonheur, c'est le désir et la crainte. Le désir, parce qu'il est infini et qu'il y a donc toujours un abîme entre l'objet qu'on se propose et celui qu'on atteint. La crainte, parce qu'elle trouble la paix de l'âme. Il faut donc éprouver nos désirs, distinguer ceux qui correspondent à des exigences foncières et les désirs adventices que la vie sociale a fait naître. De ce point de vue on constate que les désirs naturels et nécessaires sont peu nombreux et qu'il suffit des biens les plus simples pour y satisfaire. Ensuite il faut bannir la crainte. Nous vivons dans la terreur des dieux et de la mort. Or les dieux ne sont pas à craindre, puisqu'ils n'ont aucun souci des affaires humaines. Du même coup l'on chasse la crainte de la mort. Car, au fond, ce qu'on redoute dans la mort n'est pas la mort elle-même : sur ce point, le Grec est modeste ; il se connaît mortel, il sait quelle distance le sépare de la condition des dieux, il lui paraît présomptueux de compter sur une durée infinie. Non, ce qu'on craint dans la mort, ce sont les suites, ce sont les châtiments de l'Hadès. Mais si les dieux n'ont cure de nos affaires, il est absurde de croire à un jugement posthume. Au surplus, toute conscience disparaît à l'heure où la vie nous quitte. Toute conscience et, par suite, toute capacité de souffrir.

Ainsi, affranchi des vains désirs et de la crainte, l'homme est libre. Mais cette liberté ne va pas sans bien des renoncements, et l'une des premières choses à quoi doive renoncer l'épicurien, c'est l'action politique. La raison en est claire. On ne s'engage dans les affaires publiques que par désir de puissance, de richesses ou d'honneurs. Or ces trois désirs nous mettent en dépendance des hommes et de la Fortune, et ils troublent la paix de l'âme. Si cette paix est le bien suprême, elle mérite tout sacrifice : or la première condition pour l'obtenir, est de vivre caché *(lathé biôsas)*, loin des tracas, à l'abri de la foule. C'est là, sans doute, de l'égoïsme. Mais il faut se souvenir que la cité ayant péri, qui jusqu'alors se présentait comme l'idéal à servir, l'individu n'a plus rien à chercher que son contentement propre. Et si ce contentement résulte de la paix de l'âme, on doit éviter toutes les charges qui nuiraient à l'ataraxie. Dans le débat hellénistique entre l'action politique et la retraite, l'épicurisme a choisi la retraite. C'est par là qu'il se distingue le plus de la morale de Zénon.

L'une et l'autre doctrine, on le voit, touche aux choses de la religion. Le stoïcien vit en accord avec le dieu cosmique ; l'épicurien bannit la crainte des dieux et de l'Hadès. Dès lors ces deux morales, en leur principe même, impliquent une attitude religieuse. Mais, alors que l'attitude du stoïcien est simple et facile à comprendre, celle de l'épicurien est plus complexe, comporte plus de nuances. Il m'a paru intéressant d'examiner à nouveau ce problème et de refaire connaissance, par ce biais, avec la sagesse du Jardin.

Ce petit livre commence donc par une vue d'ensemble sur la religion hellénistique, du moins l'un des principaux caractères de cette religion le déclin des croyances traditionnelles, la naissance et l'accroissement de la religion cosmique, propre aux savants (1). Le second chapitre rappelle ce que fut l'homme Épicure. Plus peut-être que pour toute autre école grecque, la personne du fondateur compte ici au premier chef. Or, par une heureuse rencontre, Épicure est l'un des anciens qui se livrent le mieux à nous. Et l'on découvre alors avec ravissement un être d'une qualité admirable, fort et doux tout ensemble, et charmeur. Dans le troisième chapitre, j'ai essayé de reconnaître quelle a été la force vive de cette morale, d'où vient qu'elle ait gagné de si fervents disciples et qu'elle leur soit apparue non pas tant comme un système que comme une voie de vie qui apportait la délivrance et le bonheur. Enfin les deux derniers chapitres montrent l'attitude d'Épicure à l'égard de la religion de son temps sous les formes que j'ai dites : religion des dieux civiques et religion du Dieu des sages.

Grâce à la longanimité de mon éditeur, que j'ai plaisir à remercier ici, le texte est accompagné de longues notes, où j'ai multiplié les références. Deux raisons m'y ont conduit. La philosophie d'Épicure a fait l'objet, ces dernières années, de travaux importants, et j'étais amené à prendre position à leur égard. Mais surtout, depuis un demi-siècle, la publication des papyrus d'Herculanum a beaucoup enrichi et, sur quelques points, renouvelé notre connaissance d'Épi-

---

(1) Ces pages ont déjà paru, en substance, dans la revue *Vivre et Penser* (série de guerre de la *Revue Biblique*), 3ᵉ série, 1945.

cure, de son école, de ses idées. Or ces documents essentiels sont dispersés en maints recueils que le public même cultivé n'a guère l'occasion de lire (1) : j'ai cru dès lors rendre service en en citant de longs extraits. Par ailleurs ces textes sont difficiles, susceptibles de versions diverses : j'étais donc tenu en conscience de les reproduire à la lettre. Ainsi le lecteur critique aura-t-il le moyen de contrôler mes dires et, s'il lui plaît, de les corriger.

Paris, Ascension 1945.

(1) On en trouvera la liste dans la *Bibliographie, infra*, pp. 133-134.

CHAPITRE PREMIER

LE FAIT RELIGIEUX AU SEUIL DE L'ÈRE HELLÉNISTIQUE

Que signifie le mot « hellénistique » appliqué à la religion, en Grèce et dans le monde grec ? C'est l'historien allemand Droysen, qui, en 1833, dans son *Histoire d'Alexandre*, a établi une grande division de l'histoire de la Grèce et du monde, au temps d'Alexandre : « Le nom d'Alexandre, écrit-il, représente la fin d'une époque et le commencement d'un âge nouveau. » Droysen, à coup sûr, se plaçait avant tout au point de vue politique. Demandons-nous si cette division a un sens encore au point de vue de la religion. Elle aura un sens, le mot hellénistique appliqué à la religion aura sa raison d'être, bref, il sera légitime de parler de religion hellénistique si nous pouvons discerner, à partir d'Alexandre, un certain nombre de caractères qui marquent le fait religieux, en Grèce et dans le monde grec, d'une empreinte nouvelle. Ce sont ces caractères, ou du moins quelques uns d'entre eux, que, très brièvement, je voudrais définir. Pour cela, je résumerai d'abord le fait religieux à l'époque classique (au Ve siècle surtout) ; puis, en fonction de cet arrière-plan, je tâcherai à définir les traits nouveaux de la religion grecque à partir d'Alexandre.

Par fait religieux, j'entends l'ensemble de croyances et de rites qui expriment les relations entre l'homme et le divin, ces mots « le divin » désignant, pour faire court, les forces plus puissantes que l'homme (τὰ κρείττω), en Grèce personnifiées dès l'origine (οἱ κρείττονες), dont le Grec reconnaît l'action dans le monde, la vie sociale et la vie individuelle.

I. — Fait religieux a l'époque classique (Vᵉ siècle)

1° A l'époque classique, le fait religieux apparaît d'abord comme un fait social et proprement un *fait civique*. Religion et cité sont inséparablement liées. Elles le sont au fondement même de la cité. *Génos*, phratrie, tribu se définissent essentiellement par des cultes communs : ancêtres communs, héros éponyme, Zeus et Apollon Patrôos. A la *dokimasie* des magistrats d'Athènes, on s'assure que le candidat est né de parents athéniens, qu'il a des tombes de famille en Attique, qu'il participe au culte de Zeus Herkéios et d'Apollon Patrôos (Arist., *C. Ath.*, 55). Religion et cité sont si bien liées qu'il n'y a pas, dans les cités grecques, de clergé professionnel : ce sont les magistrats de la cité, qui, en tant que tels, sont chargés des prières et des sacrifices. Il n'est guère besoin, d'autre part, de rappeler la sincérité et l'intensité de la religion civique à Athènes au vᵉ siècle. Il suffit de renvoyer à la tragédie grecque, ou aux historiens de l'époque, par exemple à ce passage émouvant des

Helléniques de Xénophon (II 4, 20-21) où, après la bataille de Mounychie entre les démocrates installés au Pirée et les gens de la ville qui avaient connivé avec les Trente, en 403, Cléocritos, le héraut des mystes, tâche à réconcilier les deux partis : « Concitoyens, leur dit-il, pourquoi nous chassez-vous, pourquoi voulez-vous nous tuer ? Ce n'est pas nous qui vous avons jamais fait du tort : nous avons participé avec vous aux cérémonies les plus augustes du culte, aux sacrifices et aux fêtes les plus belles, nous avons dansé dans les mêmes chœurs, fréquenté les mêmes écoles, servi dans les mêmes rangs, nous avons supporté avec vous bien des dangers sur terre et sur mer, quand il s'agissait, pour les uns et les autres, d'assurer la sécurité et la liberté communes. Au nom des dieux de nos pères et de nos mères, de nos relations de parenté, d'alliance, et d'amitié — car tous ces liens unissent beaucoup d'entre nous —, par égard pour les dieux et pour les hommes, cessez de mal agir envers la patrie » (tr. Hatzfeld, coll. Budé). On le voit, dans cette adjuration, ce sont les liens religieux que Cléocritos invoque d'abord : car ces liens religieux sont le ciment le plus solide de l'État. Tout cela est bien connu et je passe.

2º Ces dieux ainsi liés à la cité sont conçus comme protecteurs de la cité. Le culte de ces dieux enveloppe toute la vie du citoyen, de sa naissance à sa mort (1).

---

(1) On pourrait écrire un livre bien intéressant pour montrer cette emprise du culte civique sur la vie du citoyen à Athènes, un livre analogue au t. IX de l'*Histoire du Sentiment Religieux en France* de Henri BREMOND *(La Vie religieuse sous l'Ancien Régime)*, ou aux pages substantielles de M. Lucien FEBVRE dans son récent ouvrage. *Le Problème de l'incroyance au XVIᵉ siècle* (L. II, ch. I : « La prise de la religion sur la vie »).

Néanmoins, ces dieux protecteurs de la cité et du citoyen sont absolument inaptes à répondre aux questions que tout homme réfléchi se pose sur l'action du divin dans le monde, sur les rapports du divin et de la morale, sur le sens de la destinée humaine, tous problèmes que, pour simplifier, je désigne par l'expression de *religion individuelle* (1).

a) Dès le vie siècle, en Ionie et en Grande Grèce, les philosophes se sont posé le problème de l'origine et de l'ordre du Cosmos, ainsi que des changements qui s'y produisent. Ces premiers efforts mènent à concevoir un Premier Principe matériel, un Premier Élément, qui, par évolutions successives, devient les autres éléments, ou, même, chez Anaxagore (au ve siècle), un Premier Principe spirituel, le Noûs ou Intellect, qui, agissant sur la matière (les quatre éléments), y produit le mouvement et l'ordre. Quoi qu'il en soit du détail des doctrines, une tradition se crée qui porte à considérer ce Premier Principe substantiel et moteur comme le Premier Principe divin, comme Dieu. Pour l'esprit réfléchi, le problème surgit, dès lors, de concilier ce Principe cosmique avec les dieux civiques qui, par eux-mêmes, n'ont rien à voir avec l'organisation du Cosmos.

b) Plus anciennement encore, des poètes, Hésiode dès le viiie siècle, puis Théognis (vie siècle) et Pindare (ve siècle), se sont posé le problème des rapports de Zeus et de la Justice. D'où vient que l'homme injuste triomphe ici-bas, que le juste soit misérable ? Y a-t-il

---

(1) Précisons encore : religion individuelle sous l'aspect intellectuel (ou philosophique) ; c'est cet aspect intellectuel qui, nous allons le voir, prévaudra, chez les hommes cultivés du moins, à l'époque hellénistique.

une rétribution après la mort, qui compense les injustices présentes ? Angoissant problème du Juste souffrant, dont la tragédie attique est toute pleine ! Or, à ces questions encore, les dieux civiques ne donnaient aucune réponse.

c) Enfin, d'autres sages, comme Pythagore (VIe siècle), ou certaines sectes religieuses, comme celle des Orphiques (les poèmes orphiques ont été rassemblés à Athènes au temps de Pisistrate), insistent plus particulièrement sur le problème de l'âme et de sa destinée, qui est, à coup sûr, un problème individuel, entièrement indépendant du fait religieux civique.

Toutes ces recherches et tous ces mouvements confluent à Athènes durant le dernier tiers du Ve siècle par l'action des Sophistes. Ce dernier tiers du Ve siècle (à Athènes) marque la première grande crise de la religion grecque, crise qui annonce déjà celle qui se produira au dernier tiers du IVe siècle et d'où sortira la religion hellénistique. Cette première crise peut se définir, en gros, le conflit de la religion civique et de la religion individuelle. Tous les fondements de la religion civique sont remis en question sous forme d'antithèses ou d'antinomies : loi et nature, dieux selon la loi et dieux selon la nature (c'est-à-dire selon la conscience personnelle de l'individu qui se pose désormais en opposition à l'ensemble) etc., toutes ces antinomies se ramenant, en dernière analyse, à celle-ci : individu et cité. Plusieurs textes importants de Platon dans la *République* et les *Lois* (L. X) marquent la portée de cette crise dans le domaine religieux. Voici quelques-unes des difficultés qui arrêtaient le croyant. Si les dieux traditionnels sont inséparablement liés à la cité, si le culte de ces dieux est une institution du *nomos*, les dieux varient de cité à cité ; ils n'ont plus, dès lors, qu'une importance relative et non valeur absolue. Une seconde difficulté tient à la conception du monde : si l'ordre du monde n'est pas dû au plan concerté d'un Intellect, mais au Hasard, si c'est par hasard que les éléments se sont assemblés pour former cette grande fabrique du Cosmos, comment croire encore qu'il y ait une Providence qui veille sur tout l'Univers ? On aboutit à la même négation de la Providence par une autre voie : par la considération des injustices de la vie présente. Enfin, si, comme le prétendent les poètes, on peut apaiser les dieux et les rendre favorables par des prières et des sacrifices, ne s'ensuit-il pas qu'on peut pécher sans crainte, quitte, ensuite, à sacrifier aux dieux ? Bref, selon la thèse du jeune homme des *Lois*, il n'y a pas de dieux ; ou, s'il y en a, ils ne prennent pas soin des hommes ; et enfin, ils se laissent séduire par des présents.

Dans ce conflit entre la religion civique d'une part, les questions que se pose l'homme réfléchi d'autre part (conflit dont, par exemple, l'*Héraclès* d'Euripide est un bon témoin), on peut dire qu'en apparence, c'est d'abord la religion civique qui a triomphé. En 399, Socrate est accusé de corrompre la jeunesse en ce qu'il introduit des dieux nouveaux et ne croit pas aux dieux traditionnels : Socrate est condamné et meurt. C'est là, sans conteste, un procès religieux, un procès d'*asébeia*. L'accusation d'impiété sera répétée à diverses reprises au ive siècle. Elle menacera par exemple Aristote, qui, prévoyant cette menace, quittera Athènes en 323 pour Chalcis en Eubée. Dans son *Contre Clésiphon*, en 330, Eschine s'en sert encore contre Démosthène. Tous les malheurs de la cité sont imputables à Démosthène non seulement parce que c'est un mauvais homme, un vil intrigant, mais surtout parce que c'est un impie et que, dès lors, la malédiction divine pèse sur lui (1). Si donc Athènes lie son destin à celui de Démosthène, elle risque de se contaminer comme au contact d'un être sacrilège et impur.

Pourtant le succès de la religion civique n'est qu'un succès apparent. C'est la religion individuelle qui, en fait, a vaincu. Elle a vaincu avec Platon, qu'on doit nommer, en rigueur de terme, le véritable initiateur de la pensée religieuse hellénistique.

Je n'ai pas dessein, il va sans dire, de rappeler ici la philosophie de Platon. Il me suffit de poser le problème et de montrer que, par deux traits de son système, Platon détermine deux des caractères les plus éminents de la mystique postérieure.

Ce que demandait l'homme réfléchi, c'était un Dieu qui fût tout ensemble le Premier Principe de l'ordre des choses et le soutien, le symbole, des notions fondamentales sur quoi se fonde la civilisation : Vérité, Justice, Beauté, Bien. Ce qu'on voulait, en d'autres termes, c'est un Dieu qui fût pleinement et absolument l'Être, l'Être immuable, l'Être vrai. Or précisément toute la philosophie de Platon consiste à reconnaître la prééminence de cet Être, qui est l'Idée platonicienne, et, au sommet des Idées, l'Un-Bien qui les unifie. Cet Être suprême n'est pas seulement la clef de voûte de tout l'ordre rationnel. Il est, en tant que Beauté, le suprême objet d'amour. Enfin,

---

(1) Cf. *C. Clés*, §§ 77, 101, 106, 125, 131, 150, 152, 221, 224.

cet Être suprême est au delà de toute perception sensible et de toute saisie intellectuelle, on n'entre en communication avec lui que par une sorte de toucher spirituel qui dépasse l'intellection. De cet Être suprême, il n'y a ni αἴσθησις ni λόγος et, partant, point d'ὄνομα. Dieu est essentiellement ineffable (ἄρρητος). Nul besoin d'y insister et de montrer combien cette détermination de l'ordre idéal, ce rôle attribué à l'*érôs*, ce caractère transcendant de la Divinité auront de poids sur la pensée religieuse à partir du Ier siècle de notre ère, à partir de Philon. L'une des tendances principales de la pensée religieuse sous l'Empire, la tendance qui consiste à se porter vers un Dieu transcendant en faisant abstraction de tout ce qui est matériel et visible, dérive en droite ligne de Platon.

Mais le platonisme n'a pas conduit seulement à l'adoration d'un Dieu hypercosmique, il a conduit aussi à l'adoration d'un Dieu cosmique, d'un Dieu principe de l'ordre visible, du Cosmos. D'un mot, voici comment. Ce qui fait la prééminence des réalités idéales, c'est leur immutabilité. Ce qui fait l'infériorité des objets visibles, c'est qu'ils changent sans cesse. Mais, parmi les objets visibles, il en est qui changent toujours de la même manière, dont le mouvement est parfaitement et toujours régulier : ce sont les objets célestes. Or un tel mouvement présuppose une Ame motrice douée d'Intellect. Il y a donc un Intellect divin, moteur du Ciel, et cet Intellect est Dieu. Telle est, très brièvement résumée, la doctrine platonicienne touchant l'ordre du Cosmos et le Dieu cosmique. Or cette doctrine devait exercer une influence considérable sur la religion hellénistique, exactement dès le dernier tiers du IVe s. Pour le faire mieux comprendre, il me faut revenir un instant sur le rôle de la religion civique dans le système de Platon.

Pas plus qu'Aristote, Platon ne songe à supprimer la religion traditionnelle. Dans les *Lois* de Platon comme dans la *Politique* d'Aristote (L. VII), quand il s'agit de fixer les conditions de la cité idéale, des paragraphes indiquent ce qui revient aux dieux : temples, sacerdoces, culte, fêtes, etc. C'est que ni Platon ni Aristote ne conçoivent encore d'autre organisation politique que la cité grecque, d'autre statut pour l'homme que celui du citoyen libre dans un État dont la norme essentielle n'est pas la volonté d'un monarque, mais la loi consentie par tous. Néanmoins le divorce entre cette religion civique et la religion individuelle apparaît aussitôt. En tant que citoyen, membre du groupe civique, l'homme rendra culte aux dieux de la cité. Pour organiser le culte, on se rapportera, comme dans le passé, à l'oracle de Delphes. Tout sera réglé conformément à ses réponses et aux traditions ancestrales. Mais en tant qu'homme privé, ce n'est pas à ces dieux-là que le sage s'adressera : c'est au Dieu transcendant ou au Dieu cosmique, bref, à un Dieu qui s'accorde avec les exigences de sa raison et les besoins de son âme. Ce n'est pas vers les dieux civiques, mais vers la Beauté suprême ou vers le Dieu Premier Moteur que se porte l'*érôs* du sage. On voit d'emblée les conséquences d'une telle attitude. Tout d'abord le divorce est désormais manifeste entre la religion du sage et celle du peuple. Sans doute, le sage ne critique pas le culte des dieux de l'Olympe (s'il y a bien quelques traits d'ironie dans le *Timée* et les *Lois*, c'est plutôt dans le sens d'un refus de discussion que d'une critique ouverte), et, en tant que citoyen, il sacrifiera selon la règle. Mais la vraie religion du sage ressortit à un autre domaine. En second lieu, on voit bien que le principal support de la religion civique, c'est la cité elle-même. Les dieux sont les protecteurs de la cité — un peu, si on veut, comme tel ou tel saint, dans les pays du Midi (Espagne, Italie, Grèce), est le protecteur attitré de telle ou telle ville ou bourgade. Dans le *Contre Ctésiphon* encore, Eschine, qui tient à faire figure d'homme pieux par contraste avec l'impie Démosthène, se montre tout imbu de la piété traditionnelle quand il prononce (§ 57) : « Si les dieux y consentent..., je me flatte de démontrer au tribunal que la cité doit son salut aux dieux et à ceux (Philippe et Alexandre) qui l'ont traitée en certaines circonstances avec humanité et modération, tandis que tous ses malheurs sont venus de Démosthène. » Mais ce lien entre dieux et cité vaut surtout aussi longtemps que la cité est autonome, maîtresse de ses décisions, libre d'agir selon ses propres vues. En ce cas, la cité fait des projets, s'engage dans des entreprises, et il est clair qu'elle a autant besoin de l'aide des dieux que le simple particulier qui se lance dans une action propre. Vienne le jour où la cité perdra son autonomie, ne formera plus un État, mais fera partie d'un État plus grand dont le monarque lui dictera ses décisions, et ce changement essentiel dans le statut de la cité entraînera un changement correspondant dans la religion civique. Il n'y aura peut-être rien de changé à l'extérieur. En 262/3 encore, sous l'empereur Galien, on poussera sur l'Acropole le vaisseau à roulettes portant à son mât le péplos, comme on faisait déjà au iiie siècle avant notre ère (1) et probablement dès le vie siècle. Un très grand nombre des inscriptions relatives aux choses du culte ne remontent pas plus haut que l'époque hellénistique. Et d'ailleurs il est manifeste que, dans toutes les religions, rien n'est plus conservateur que le culte et la liturgie. Mais le sentiment aura évolué. La routine prend la place de l'élan du cœur. Chacun perçoit que la prière à Athéna est autre dans la bouche des Marathonomaques, autre dans celle des Græculi.

Nous voici donc à même de considérer et de comprendre comment les événements politiques qui ouvrent l'âge hellénistique vont retentir sur la religion. Nous avons vu s'opposer deux forces, dont l'une, la religion civique, étroitement liée au statut de la cité, perd de plus en plus d'empire sur l'élite, tandis que l'autre, la religion individuelle, du moins sous la forme que j'ai indiquée, c'est-à-dire la religion platonicienne du Dieu cosmique, gagne toujours plus en influence. Les événements déclenchés par Philippe et Alexandre vont précipiter ce déséquilibre entre les deux forces. Disons-le tout de suite, pour marquer le sens de ce qui va suivre. Il y aura sans doute, dans la religion hellénistique, des éléments qui dérivent plus directement de l'action politique d'Alexandre, que cette action, en un certain sens, aura en partie créés. Mais ce ne sont pas, je crois, les éléments principaux. L'élément principal consiste en la prédominance, de plus en plus assurée, de la religion individuelle. N'oublions pas que la religion du Dieu cosmique fera partie bientôt, en même temps que l'astronomie, de la

---

(1) Dittenberger, *Syll*³. 894 ; cf. 374, n. 6.

paidéia grecque, c'est-à-dire du bagage intellectuel que doit avoir reçu, à partir du IIIe siècle, dans les royaumes hellénistiques, quiconque aspire à être cultivé. Il me suffit de rappeler le succès remarquable obtenu par les *Phainomena* d'Aratus (IIIe siècle), succès tel que Cicéron, au Ier siècle, traduira ce poème pour les Latins. Or, sur ce point, l'épopée d'Alexandre n'a pas créé : elle a hâté un mouvement qui vient de plus loin, de Platon. L'action politique d'Alexandre et de ses successeurs a seulement supprimé les obstacles et créé les conditions dans lesquelles l'héritage proprement religieux du platonisme pouvait le mieux se répandre et se développer. Voyons donc quelles sont ces conditions.

II. — Le fait religieux a l'époque hellénistique

Les conséquences politiques des événements qui se sont produits durant le terrible dernier tiers du IVe siècle, mettons de la bataille de Chéronée (338) à celle d'Ipsus (301 : entre Antigone, qui est tué à cette bataille, et son fils Démétrius d'une part, Lysimaque et Séleucus d'autre part), peuvent se ramener essentiellement à deux faits : d'un côté, la sujétion des cités grecques et, en contre-partie, la formation des trois grandes monarchies, des Lagides en Égypte, des Séleucides en Asie (Asie-Mineure, partie de la Syrie et Asie orientale), des Antigonides en Macédoine ; de l'autre, l'hellénisation du monde oriental (Égypte et Asie) et la fusion entreprise par Alexandre même entre Hellènes et Barbares. Je voudrais montrer que ces deux grands faits ont conspiré l'un et l'autre à la décadence de la religion civique et au progrès de la religion individuelle, très particulièrement de la religion du Dieu cosmique.

1º *Sujétion des cités grecques dans les monarchies hellénistiques*

Cette sujétion sans doute ne s'est pas faite en un jour. Lors de la constitution de la Ligue de Corinthe, en 338, les cités qui concluent avec Philippe et ses successeurs une alliance et une symmachie gardent liberté, autonomie, et, sauf quelques villes, exemption de tribut et de garnison. C'est ce régime qui a duré encore durant tout le règne d'Alexandre (336-323). Une seule cité grecque, Thèbes, fut en 336 complètement détruite, sa population massacrée ou réduite en esclavage. Néanmoins, on peut bien dire que, dès 338, les cités grecques ne sont plus véritablement autonomes. L'alliance qu'elles ont contractée avec les princes macédoniens est une alliance forcée, elles ne décident plus en maître de la paix et de la guerre. C'est le synédrion, soit, en pratique, l'*hégémôn* de ce synédrion, Philippe ou Alexandre, qui détermine la politique extérieure de la Ligue, partant des cités qui en sont les membres. Davantage, Alexandre, au fur et à mesure de ses conquêtes, prend si bien conscience d'être, lui, véritablement le maître, qu'en 324, sans consulter la Ligue, il ordonne, de Suse, à toutes les cités fédérées de rappeler leurs exilés politiques. La même année et du même lieu, il enjoint aux mêmes États grecs de le reconnaître comme un dieu. Ce qui prouve clairement que les cités grecques avaient bien le sentiment de n'être plus libres, c'est leur révolte à la mort de

Philippe en 336 et à la mort d'Alexandre en 323. Dans ce dernier cas, au cours de la guerre Lamiaque, Athènes voit sa flotte écrasée à Amorgos, son armée à Crannion (322). Désormais, elle a vraiment perdu l'autonomie. Une garnison macédonienne s'installe sur la colline de Mounychie. Plus de la moitié des citoyens (exactement 4/7 : 12.000 sur 21.000) est exclue des droits civiques ; beaucoup d'entre eux sont envoyés comme colons en Thrace, et d'autres se retirent dans la campagne attique. Antipater, en 322, institue un gouvernement oligarchique. Cassandre, en 317, reprend la politique de son père, et nomme Démétrios de Phalère comme haut-commissaire sur Athènes, qui demeure sous le contrôle effectif des troupes macédoniennes (317-307). Les conditions n'eussent pas été fort différentes si Athènes avait simplement été régie par l'étranger lui-même.

Qu'on imagine maintenant le retentissement que pouvaient avoir tous ces faits sur la conscience individuelle, et singulièrement sur la conscience religieuse. Qu'étaient devenus, que faisaient, de quoi se souciaient les dieux protecteurs d'Athènes ? Voici quelques traits significatifs.

Après Chéronée, sur l'épitaphe des guerriers athéniens morts en cette bataille — on la lit encore au Céramique —, ce ne sont pas les dieux civiques qu'on invoque, mais le Temps impersonnel qui voit passer toutes choses :

« O Temps, qui vois passer tous les destins humains,
[douleur et joie,
« Le sort auquel nous avons succombé, annonce-le à
[l'éternité. »

Quand, en 324, Alexandre exige des cités grecques fédérées qu'elles le reconnaissent comme un dieu, Démosthène, hostile d'abord à cette mesure, finit par conseiller à l'Assemblée de « reconnaître le roi comme fils de Zeus, ou même comme Poséidon, si ça lui fait plaisir ». Selon le mot de Wilcken (1), il est manifeste que, « dans ces milieux émancipés pour lesquels le polythéisme avait perdu sa signification, on ne pouvait plus s'échauffer sur une affaire de cet ordre ». Ménandre, qui vécut et produisit à Athènes dans le dernier tiers du IVe siècle, met en scène, dans l'*Arbitrage*, un esclave, Onésime — qui, par quelques traits, annonce déjà notre Figaro —, et un vieillard bourru, nommé Smicrinès. Ce dernier ayant prononcé le mot de Providence, Onésime lui réplique en substance : « Considère combien il y a de villes dans le monde, et, dans ces villes, d'habitants. Vois que de myriades d'individus ! Et tu t'imagines que les dieux s'occupent des affaires de tous ces gens-là ? Mais tu veux les accabler de soucis : quelle vie indigne des dieux ! » On s'est plu à trouver dans ces mots des traces de l'épicurisme (Épicure ne nie pas les dieux ; il en fait une sorte d'êtres composés d'une matière plus subtile, qui vivent dans une totale quiétude sans prendre aucun soin des choses humaines). Je crois plus simplement que Ménandre est ici, comme en d'autres de ses comédies, un témoin exact de ce sentiment désabusé, un peu mélancolique, que beaucoup éprouvaient alors à l'endroit des dieux. Enfin, quelques années plus tard, Évhémère, qui a vécu un certain temps à Athènes à la fin du IVe siècle

---

(1) *Alexandre le Grand*, tr. fr., p. 216.

dans l'entourage de Cassandre, exprime lui aussi la
« Stimmung » de l'époque lorsqu'il montre, dans son
Histoire sacrée, que les dieux ne sont originellement
que des hommes, qui ont été divinisés en récompense
de leurs exploits et de leurs bienfaits. L'idée n'est pas
entièrement neuve. Elle dérive en partie de la tendance, qui a toujours régné en Grèce, à héroïser les
grands hommes. Ce qui importe, c'est l'extraordinaire
succès qu'a obtenu cette doctrine. Elle coïncide avec
les premières manifestations du culte des rois hellénistiques, et si, comme le pense Jacoby (1), elle dérive
quelque peu de cette pratique, il est probable qu'en
retour elle en a favorisé le progrès. L'ouvrage d'Évhémère a été l'un des plus lus au IIIe et au IIe siècles.
A preuve ce fait bien remarquable, qu'entre tant
d'ouvrages grecs qui se proposaient à lui, c'est précisément celui-là qu'Ennius, au IIe siècle, a traduit en
latin, offrant ainsi la première traduction en prose
latine d'un livre grec (2).

Certes, il convient de le redire, rien de tout cela
n'affecte les choses du culte et la religion populaire.
Loin de négliger les anciennes fêtes, l'âge hellénistique, du moins au IIIe siècle, en crée de nouvelles :
Sôtèria de Delphos, *Mouséia* de Thespies, *Asklapiéia*
de Cos, *Didyméia* de Milet, etc., panégyries en l'honneur d'Artémis Lycophryènè à Magnésie du Méandre,

---

(1) PAULY-WISSOVA, s. v°. *Euemeros*.
(2) Cf. aussi l'*Ithyphalle* d'Hermoclès, pour l'entrée de Démétrius Poliorcète à Athènes en 290 : « Les autres dieux sont loin, ou ils n'ont pas d'oreilles, ou ils n'existent pas, ou ils ne font pas attention à nous même une seconde, tandis que toi, nous te voyons présent, non pas en bois ou en pierre, mais vraiment vivant. C'est donc à toi que vont nos prières. »

ou d'Athéna à Priène. C'est alors qu'on voit des ambassadeurs religieux, les théores, parcourir tous les pays grecs pour inviter les cités grecques à ces grands actes de culte. Ce que j'ai marqué ressortit à la psychologie religieuse, et surtout dans le public cultivé. Mais à vrai dire, pour l'évolution des idées religieuses, c'est ce public-là qui compte. C'est lui qui détermine les changements ; de l'élite, idées nouvelles et sentiments nouveaux passent ensuite dans la masse. Je n'en donnerai qu'un exemple. Dès le IIIe siècle, Callimaque, dont les hymnes savants à Zeus, à Déméter, à Apollon, à Délos, sont surtout des divertissements littéraires et archéologiques sans aucun accent religieux, affirme, dans une épigramme funéraire, le néant de toutes les croyances traditionnelles sur le sort des âmes après la mort : point de Pluton, point de Champs-Élysées, mensonges que tout cela (*Épigr.*, XIII). Or, les inscriptions tombales montrent que ce scepticisme ira se répandant de plus en plus : au Ier siècle avant notre ère, on peut dire que les croyances sur la vie d'outre-tombe ne font plus figure aux yeux des habiles que de contes de bonne femme (1) ; et, sauf en certaines sectes religieuses comme celles des initiés de Dionysos (qui mettent une feuille de lierre sur leur tombe), il faudra attendre jusqu'au Ier ou même au IIe siècle après J.-C. pour voir se manifester dans l'épigraphie funéraire quelque trace des promesses d'immortalité qu'offrent les religions orientales. Notons en outre que c'est précisément pour

---

(1) Cic., *Tusc.*, I, 5, 10-6, 12 ; 21, 48 ; *N. D.* II, 2, 5, Juv., II, 149-152.

rendre vie au polythéisme que les stoïciens feront usage de l'exégèse allégorique (qui, elle non plus, n'est pas nouvelle : Protagoras l'emploie dès le ve siècle) : Zeus est le ciel, Héra l'air, Déméter le blé, Dionysos la vigne, etc.

Et puis, au surplus, le fait majeur est celui-ci. La cité grecque ne constituait pas seulement un organisme politique : elle était en quelque sorte une Église, par suite de l'étroite implication entre l'élément politique et l'élément religieux. Le même mot *nomos* (loi) désigne ensemble la loi civile, telle qu'elle est instituée par un double vote du Conseil et de l'Assemblée, et ces coutumes traditionnelles, ces usages ancestraux qui règlent depuis toujours le comportement du citoyen en ce qui touche la religion et la morale. La cité exigeait le tout de l'homme. Il n'y avait pas de fin plus haute que de se dévouer à la cité : or se dévouer à la cité et se dévouer aux dieux de la cité, c'était en vérité même chose. L'homme, avec sa conscience propre et ses besoins spirituels, ne débordait pas le citoyen : il trouvait tout son épanouissement dans ses fonctions de citoyen. Comment ne pas s'apercevoir que, du jour où la cité grecque tombe du rang d'État autonome à celui de simple municipalité dans un État plus vaste, elle perd son âme ? Elle reste un habitat, un cadre matériel : elle n'est plus un idéal. Il ne vaut plus la peine de vivre et de mourir pour elle. L'homme, dès lors, n'a plus de support moral et spirituel. Beaucoup, à partir du iiie siècle, s'expatrient, vont chercher travail et exploits dans les armées des Diadoques ou dans les colonies que ceux-ci ont fondées. Bientôt, à Alexandrie d'Égypte, à Antioche de Syrie, à Séleucie sur le Tigre, à Éphèse, se créent des villes relativement énormes pour l'antiquité (2 à 300.000 habitants) ; l'homme n'est plus encadré, soutenu, comme il l'était dans sa petite patrie où tout le monde se connaissait de père en fils. Il devient un numéro, comme l'homme moderne, par exemple à Londres ou à Paris. Il est seul, et il fait l'apprentissage de sa solitude. Comment va-t-il réagir ? Deux traits de l'âge hellénistique nous le montrent bien.

Le premier trait est la diffusion à l'âge hellénistique de ces confréries religieuses où l'on s'assemble pour honorer un dieu étranger. Dans la cité grecque où il était né, et en raison même de son état de citoyen, l'homme faisait naturellement partie d'un certain nombre de groupes sociaux, *génos*, phratrie, tribu, où il trouvait des cultes établis qu'il n'avait qu'à suivre, et qu'il ne songeait d'ailleurs pas à discuter puisque ces cultes étaient ceux de sa race. Maintenant, dans sa patrie même ou hors de sa patrie, il entre, par un libre choix, dans des confréries entièrement indépendantes de la cité, le seul lien entre ces confrères étant le culte en commun d'une divinité étrangère. Je ne puis ici m'arrêter au détail. Ce qui me paraît essentiel, c'est le fait que l'adhésion aux collèges religieux hellénistiques est le résultat d'un libre choix de l'individu. Rien ne le force à se porter vers tel ou tel dieu nouveau, Isis, Aphrodite Syrienne, Grande Mère phrygienne, etc. ; rien ne l'y force, puisque ces dieux ne sont aucunement liés à la cité. Il n'est pas entraîné par la coutume à les adorer. S'il va vers eux, c'est par un mouvement propre de sa conscience religieuse, pour donner satisfaction à un besoin de son âme. Il y a là, dans la religion, un fait nouveau et très remarquable.

Le deuxième trait est la diffusion précisément de la religion du Dieu cosmique. Sous l'influence de Platon (*Timée* et *Lois*), de l'auteur, quel qu'il soit, de l'*Épinomis*, et aussi des premiers écrits exotériques d'Aristote, dont la vogue fut immense, en particulier, de l'*Eudème*, du *Protreptique* et du περὶ φιλοσοφίας, on s'est plu à reconnaître dans le bel ordre des cieux, dans la régularité du mouvement des planètes (cette régularité a été démontrée par les astronomes du ive siècle), la manifestation d'un Intellect divin. En outre, depuis le *Timée*, on croit que l'âme humaine, par sa composition et son origine, est parente de l'âme des astres ; c'est des astres que nous venons, c'est dans les astres que nous retournerons après la mort. L'idée s'établit alors d'une cité du monde, qui est la vraie Cité, du moins pour le sage et l'homme cultivé. Dans le *Protreptique*, Aristote, après Platon, montre la valeur et célèbre les délices de la vie théorétique ou contemplative, c'est-à-dire de la vie studieuse du philosophe ou du savant qui médite les choses éternelles. Puisque la cité terrestre n'offre plus de noble but à l'existence, le sage se réfugie dans la cité céleste, il s'y unit par la pensée, il trouve consolation et force à mettre les mouvements de son âme en accord avec ceux du ciel. Or cette attitude, elle aussi, est le fait de la conscience individuelle. Le citoyen désabusé d'Athènes comme l'Athénien fixé à Alexandrie, à Antioche, ou même dans quelque colonie macédonienne du fond de l'Orient, peut également s'évader vers la cité du ciel. N'oublions pas qu'il s'agit de pays méditerranéens où le ciel nocturne resplendit d'un éclat incomparable.

Passons maintenant au second point.

2° *Fusion entre Grecs et Barbares*

On se rappelle le geste mémorable d'Alexandre à Opis (un peu au N. de Babylone, sur le Tigre), en 324. Alexandre a convié Macédoniens et Perses à un même banquet. Des devins grecs et des mages perses ont ouvert la cérémonie sacrée. Un même cratère fait le tour de la table. Chacun en boit et en verse quelques gouttes en l'honneur des dieux grecs et perses. Puis Alexandre prononce une prière où il demande aux dieux d'établir, entre Macédoniens et Perses, « l'union des cœurs dans la communauté du pouvoir ». Que, par cette cérémonie symbolique, Alexandre, comme le veut Tarn (1), ait proclamé déjà une sorte de fraternité humaine entre tous les peuples, ou qu'il ait songé simplement, comme le pense Wilcken (2), à une fusion entre Hellènes et Iraniens, il est certain que le pas est franchi : la vieille antinomie entre Grecs et Barbares, dont Aristote encore se montre tout imbu (*Pol.*, VII), est désormais abolie. Les suites de cette politique, sous Alexandre lui-même et ses successeurs, sont bien connues. Ce sont, à Suse, en 324, les mariages en masse entre Macédoniens et femmes perses : Alexandre donne l'exemple, en épousant, selon le rite perse, Statire, fille de Darius (il avait épousé déjà, en 327, selon le rite bactrien, dans le fort de Choryène en Bactriane, Roxane, fille du prince Oxyarte), tandis qu'Hephéstion, l'ami le plus fidèle d'Alexandre, épouse Drypétis, sœur de Statire. C'est ensuite, par

---

(1) *Cambr. Anc. Hist.*, VI, 437.
(2) *Al. le Gr.*, tr. fr., 224.

l'effet des colonies gréco-macédoniennes en Orient et du contact permanent qui en résulta entre colons grecs et population indigène, le mélange des races. Les Grecs apportaient leur langue, leur droit, leurs gymnases, d'un mot tout ce qui compose leur culture et qu'exprime le mot si riche de *paidéia*. De leur côté, les Orientaux offraient aux Grecs le spectacle de civilisations millénaires dominées, en général, par la religion : or, en matière de religion, le Grec se montrait réceptif, prêt à adorer et à accueillir les divinités des autres peuples. Ce mélange de races et de cultures a exercé sur la religion une profonde influence. Elle a contribué à élargir la notion de divin. Si, comme le dit Ératosthène cent ans après Alexandre (1), il ne faut pas diviser les hommes entre Hellènes et Barbares, mais entre bons et méchants, — car, même parmi les Hellènes, il y a beaucoup de méchants, tandis que, parmi les Barbares, il y a des peuples hautement civilisés comme les Indiens et les Ariens, et d'autres, comme les Romains et les Carthaginois, qui sont admirables par leurs qualités politiques, — si donc tous les peuples sont appelés à se fondre dans un même peuple, à constituer une même cité, c'est que, en vérité, cette Cité existe déjà : c'est la Cité du Monde, régie par le Dieu cosmique. Les dieux particuliers de tel ou tel État ne sont que des manifestations locales de la même et unique Divinité répandue dans l'univers entier. Des amorces de cette idée apparaissent déjà au seuil de l'âge hellénistique. On sait quelle en devait être la fortune. Sous Auguste, un temple, à Rome, en figure l'expres-

(1) Strab., I, 66, p. 87. 17 M.

sion concrète : le Panthéon, dont la voûte imite la sphère céleste.

Ainsi l'idée d'une monarchie universelle, idée conçue, semble-t-il, par Alexandre, reprise plus tard par César et réalisée en pratique sous l'Empire romain, devait-elle conduire, elle aussi, en matière de religion, à diminuer l'importance du particularisme local, à favoriser le progrès d'une religion universelle. Or la première forme que présente cette religion est le culte du Dieu cosmique. Le même Ciel s'étend sur tous les peuples comme sur tous les individus, si divers qu'ils soient de race et de culture, qui habitent les grandes villes hellénistiques.

On le voit donc, les résultats principaux de l'œuvre d'Alexandre — sujétion des cités grecques, constitution de vastes monarchies, fusion des Grecs et des Barbares — ont créé les conditions qui ont permis à la religion individuelle, plus spécialement à la religion philosophique du Monde et du Dieu cosmique, de s'établir. Cette religion n'a pas pour origine directe l'action politique d'Alexandre. Comme toute religion vraiment forte, celle-ci eut ses origines dans des besoins de l'esprit et de l'âme : le besoin d'un Dieu qui satisfît tout à la fois les exigences de la pensée scientifique et les aspirations de la conscience individuelle. Mais si Platon en est l'instaurateur, Alexandre a beaucoup fait pour en assurer le progrès. Il a beaucoup fait par son œuvre. Et il a beaucoup fait aussi par sa personne même. L'une des forces créatrices de la religion platonicienne est assurément l'*érôs*, l'élan passionné d'amour qui tire l'âme hors de l'étroite prison terrestre afin que, se dépassant elle-même, elle atteigne à d'autres rivages, à une autre patrie meilleure, le monde des Idées ou les astres du Ciel. Le mouvement spirituel issu du platonisme est une fuite vers l'au-delà, une évasion. Or Alexandre est un émouvant symbole de cette force créatrice de l'*érôs*. Toujours il voulut aller au delà, franchir les limites qui l'arrêtaient. Nulle mer, nul fleuve, nulle montagne ne devaient faire obstacle à son prodigieux élan. A plusieurs reprises, les historiens anciens d'Alexandre, comme Arrien, nous parlent du *pothos*, de ce désir irrésistible de l'inconnu, de l'inexploré, du mystérieux, qui devait le porter jusqu'aux extrémités du monde. C'est ce désir, qui, en 335, le pousse à traverser le Danube, pour voir ce qu'il y a par delà ; qui, en 331, le force à franchir le désert pour consulter l'oracle de Zeus Ammon ; qui, plus tard, l'incite à explorer lui-même le pays au delà de l'Hyphase, ou les rives de la Caspienne, ou la côte arabique de l'Océan Indien à la Mer Rouge. Aller toujours plus avant, n'être jamais satisfait de l'effort, pourtant colossal, qu'on a fourni, atteindre les confins du monde ! Ce désir insatiable du « plus loin », qu'on se figure toujours, nécessairement, comme un « meilleur », résume l'esprit de l'époque.

CHAPITRE II

VIE D'ÉPICURE

L'île de Samos, clérouchie d'Athènes et restée seule fidèle aux Athéniens après le désastre de Sicile, était tombée enfin entre les mains de Lysandre en 404. Reprise par Timothée en 363, les Athéniens y envoyèrent aussitôt des clérouques. Un premier départ eut lieu dès 365, un autre en 362, un troisième en 352/1. C'est à cette occasion que vint s'installer dans l'île le père d'Épicure, Néoclès, du dème attique de Gargèttos. Épicure naquit à Samos au début de 341. Outre ce qu'il tirait de son champ, Néoclès était maître d'école : c'est lui sans doute qui fit la première éducation de l'enfant. A l'âge de quatorze ans (327), Épicure fut envoyé à Téos, qui n'est guère éloigné (1), pour y entendre les leçons de Nausiphane. Celui-ci, disciple de Démocrite et peut-être jaloux de la science universelle de son maître, enseignait tout à la fois la philosophie, les mathématiques et la rhétorique. Il tenait une école réputée où affluait la jeunesse dorée de la côte et des îles, tout un petit monde élégant (2),

---

(1) Sur la côte d'Asie, au nord de Samos.
(2) μειρακισκεύοντα, p. 414 Us., s. v. Ναυσιφάνης. Cf. DIELS-KRANZ, 75 A 7, II, p. 247. 15 ss. avec la note ; *Epicur.*, fr. 114 Us.

dont Épicure ne semble pas avoir gardé bon souvenir. Épicure demeura là trois ans (327-324), jusqu'à l'âge de dix-sept ans, et c'est de Nausiphane qu'il apprit à connaître la doctrine démocritéenne des atomes et celle du plaisir fin dernière. Entre « l'absence d'effroi » de Démocrite et « l'absence de trouble » d'Épicure, « l'absence de crainte » de Nausiphane fournit le moyen terme (1).

Les clérouques établis à Samos restaient citoyens d'Athènes et, comme tels, étaient assujettis au service militaire de l'éphébie, qui durait un an. En 323, à dix-huit ans, Épicure se rendit donc à Athènes où il eut pour compagnon d'éphébie (συνέφηβος) le futur poète Ménandre. Aristote s'était alors retiré à Chalcis, mais Xénocrate dirigeait l'Académie. Cependant ses devoirs militaires, qui comportaient d'ailleurs un temps de garnison hors de la ville dans une des forteresses de l'Attique, n'ont guère dû permettre à Épicure de s'adonner à la philosophie : ce premier séjour à Athènes (323-322) paraît donc sans conséquence pour la formation intellectuelle d'Épicure (2).

L'année de service écoulée, en 322, Épicure ne put rentrer à Samos. Voici pourquoi. Lors de l'établis-

---

(1) DIELS-KRANZ, 75 B 2, II, p. 249.10 τὸ συγγενικὸν τέλος, ὅπερ ἐστὶν ἥδεσθαι καὶ μὴ ἀλγεῖν, *ib.* B 3, II, p. 250.17 καθάπερ Ναυσιφάνης τὴν ἀκαταπληξίαν (cf. *Vita*, 23 ἦν δὲ — sc. Métrodore — ἀκατάπληκτος πρός τε τὰς ὀχλήσεις καὶ τὸν θάνατον, ὡς Ἐπίκουρος ἐν τῷ πρώτῳ Μητροδώρου φησί) · ταύτην γὰρ ἔφη ὑπὸ Δημοκρίτου 'ἀθαμβίην' λέγεσθαι. On suit ainsi la filiation de l'ἀθαμβίη démocritéenne à l'ἀταραξία épicuréenne par l'ἀκαταπληξία de Nausiphane. — A Samos déjà, Epicure aurait suivi les leçons du platonicien Pamphilos, par ailleurs inconnu. Comme il a quitté Samos à 14 ans, cet enseignement ne peut guère avoir influé sur lui. Cf. Usener, p. 415, s. v. Πάμφιλος.

(2) Cf. v. Arnim, *P. W.*, VI, 133-134.

sement à Samos des clérouchies athéniennes de 365, 362, 352, les Athéniens avaient expulsé de l'île les propriétaires samiens pour diviser leurs terres entre les colons d'Athènes. Cependant Alexandre, en 324, par la bouche de son envoyé Nicanor, avait averti les Grecs rassemblés aux fêtes d'Olympie qu'ils eussent à rappeler, dans toutes les cités, ceux qui en avaient été bannis pour des raisons politiques (1). Après la mort d'Alexandre (323), Perdiccas, régent pour l'Asie, fit exécuter cet ordre en ce qui concerne l'île de Samos (322) (2). Les clérouques athéniens furent donc, à leur tour, chassés, et, Néoclès s'étant réfugié à Colophon, c'est là qu'Épicure alla le rejoindre en 322, à dix-neuf ans. Il faisait maintenant l'apprentissage de l'exil et de la pauvreté. Ces années si décisives pour la formation de l'esprit et du caractère, il ne pourrait plus les passer à l'école d'un philosophe de renom qu'il n'eût pas eu de quoi payer. Il fallait donc vivre seul, s'armer seul pour les luttes de la vie et la conquête de la sagesse. A la différence de Platon, d'Aristote et de tous ces jeunes gens fortunés qui, au cours du IVe siècle, s'étaient groupés à l'Académie, au Lycée ou autour d'Isocrate, Épicure est un « self-made man ». Si l'on songe qu'il était doué de la sensibilité la plus vive et la plus délicate, comme l'attestent encore ses lettres, si l'on se rappelle qu'il fut affligé de maladies (il vomissait deux fois le jour) et que, pauvre et de santé médiocre, il dut

---

(1) Cf. *Syll*³. 306 (Tégée), *OGI* 2 (Mytilène).
(2) Cf. *Syll*³. 312 (321/0). Décret honorifique de Samos en faveur de deux citoyens d'Iasos (Carie), Gorgos et Minniôn, qui s'étaient employés, en 322, pour le retour dans leur patrie des Samiens réfugiés à Iasos.

s'imposer de bonne heure un régime très frugal, on s'explique alors, pour une grande part, et la force de sa personnalité — car un homme a d'autant plus d'empire sur autrui qu'il a dû, dès l'extrême jeunesse, maîtriser l'infortune — et le tour si particulier de sa doctrine morale.

De 322 à son établissement à Athènes (été 306), Épicure vécut donc en Asie Mineure, à Colophon d'abord, puis à Mytilène de Lesbos et à Lampsaque sur l'Hellespont. C'est là qu'il élabora sa doctrine, qui est moins un système de pensée qu'un système de vie. C'est là aussi qu'il noua ces amitiés qui devaient tenir une si grande place dans l'école du Jardin. Hermarque, son premier successeur, est de Mytilène, Métrodore et son frère Timocrate, Idoménée, Léonteus et sa femme Thémista, Colotès, Polyainos, peut-être Ctésippe, sont de Lampsaque (1).

Après douze années de réflexion et de méditation solitaire (322-310), Épicure, à trente et un ans, se mit à enseigner, à Mytilène d'abord, puis à Lampsaque où il demeura cinq ans. Des jeunes amis qui s'étaient joints à lui, quelques-uns, bien nés et riches, subvenaient financièrement aux besoins de l'école. Maître ainsi de sa doctrine, certain d'être suivi d'un groupe de disciples, assuré enfin du pain quotidien (2), Épicure, dans l'été de 306, vint s'établir

---

(1) Pythoclès serait également de Lampsaque, cf. BIGNONE, *L'Ar. perd.*, II, p. 79, qui cite PHILOD., π . παρρησ., fr. 6 Olivieri.
(2) Le régime était frugal : en 294, lors du siège d'Athènes par Démétrius Poliorcète, Epicure et ses disciples se partageront, chaque jour, une poignée de fèves. Néanmoins, il fallait bien nourrir tout le monde. Timocrate accusait Epicure de dépenser une mine (100 dr.) par jour pour la table (*Vita*, 7). Il s'agit évidemment de la dépense pour la communauté tout entière.

à Athènes. La mesure n'a rien pour surprendre. Sans même alléguer d'autres raisons, et, par exemple, le fait qu'Épicure était citoyen d'Athènes, cette ville était alors la capitale de la pensée. L'Académie et le Lycée lui avaient donné un renom incomparable. Quiconque voulait apprendre à vivre en sage venait y puiser ses leçons. Si l'on voulait ouvrir une école de sagesse dont l'influence dépassât les limites d'une petite cité provinciale, on ne pouvait songer à un autre établissement. De fait, c'est à Athènes que s'allumèrent, c'est d'Athènes que rayonneront les deux grands foyers de sagesse de l'âge hellénistique : Zénon, arrivé à Athènes en 311, fonde, en 301, l'école du Portique, Épicure achète le Jardin en 306 (1).

Si l'on songe que, vers 300, à Athènes, la valeur de la drachme était tombée de 6 à 3 oboles, que par conséquent le prix du grain, ayant doublé, était monté de 5 à 10 dr. le médimne, et tout le reste à l'avenant, si l'on suppose en outre que la communauté du jardin était nombreuse, on ne s'étonnera peut-être pas de ce chiffre. Sur le prix de la vie en Grèce à l'âge hellénistique, cf. W. W. TARN, *The hellenistic Age* (Cambridge, 1923), pp. 108 ss. *(The social question in the third century)*, Hellenistic Civilisation, 2e éd. (Londres, 1930), pp. 97 ss., et l'excellent tableau de GLOTZ, *Journ. des Savants*, 1913, pp. 16 ss. Noter qu'en 308/7 Epicure, écrivant à Polyainos, déclare qu'il ne lui faut même pas une obole pour sa nourriture, et que Métrodore, qui n'a pas atteint le même degré de sagesse, en dépense une entière, cf. fr. 158 Us. (en admettant *as* = obole). Or on comptait, comme strict minimum, à 2 oboles par jour la nourriture d'un esclave, cf. TARN, *The hellenistic Age*, pp. 120-121.

(1) La date s'explique par des raisons politiques. Exilé de Samos par l'un des généraux d'Alexandre, Perdiccas (cf. *supra*, p. 27), Epicure devait être de tendance antimacédonienne (cf. au surplus fr. 101, p. 133.21 Us.). En outre, il avait vécu jusqu'alors en constante rivalité avec l'école de Platon et d'Aristote qui avait joui de la faveur des Macédoniens. Or, jusqu'en l'été 307, le péripatéticien Démétrios de Phalère gouverne Athènes pour le compte de Cassandre. Epicure a donc attendu la « libération » de la ville par Démétrios Poliorcète

Désormais sa vie n'a pas d'histoire. Nous connaissons la date de quelques-uns de ses écrits, de quelques-unes de ses lettres (1). Nous savons qu'à deux ou trois reprises il visita ses amis de Mytilène ou de Lampsaque. Il avait toujours été de santé fragile. En 270, âgé de soixante et onze ans, après d'atroces souffrances causées par une maladie d'entrailles et des coliques néphrétiques, il mourut dans la paix de l'âme. « Voici le plus beau jour de ma vie », écrivait-il à ses amis (2), « c'est le dernier. Mes douleurs de vessie et mes coliques vont leur train, toujours extrêmes, sans rien perdre de leur violence. Mais à tout cela j'oppose la joie de l'âme, quand je me remémore nos entretiens passés. Toi qui m'as été fidèle depuis l'adolescence, ainsi qu'à la philosophie, prends bien soin des enfants de Métrodore ».

C'était là son dernier vœu. Il y revient encore dans le testament qu'il laissait. Hermarque, son successeur, doit veiller, avec d'autres disciples, sur l'éduca-

---

(10 juin 307) : il pouvait compter que désormais l'école adverse n'exercerait plus autant d'influence (cf. BIGNONE, *L'Arist. perd.*, II, pp. 117, n. 1, 130 ss.). On peut préciser davantage encore. Après la prise d'Athènes (juin 307), Sophocle de Sounion fit passer une loi interdisant aux philosophes de diriger une école sans la permission du conseil et du peuple (cf. FERGUSON, *Hellen. Athens*, p. 104), ce qui entraîna le départ de Théophraste. Une telle loi ne devait guère induire Epicure à s'établir à Athènes. Il faut donc admettre qu'il n'y vint qu'après l'abrogation de la loi de Sophocle (printemps ou début de l'été 306), alors que la liberté d'association eût été de nouveau officiellement reconnue à Athènes (FERGUSON, pp. 106-107).

(1) Cf. l'index d'Usener, s. v. Ἐπίκουρος, p. 404 et la suite chronologique des lettres, *ib.*, pp. 132-134.

(2) Hermarque, Idoménée, d'autres encore. Sans doute ce court billet (fr. 122, 138, 177 Us.) fut-il dicté par le maître à ses derniers moments pour être envoyé à chacun des amis absents.

tion du fils et de la fille de Métrodore et du fils de Polyainos (*Vita*, 19-21). Il voulait qu'après sa mort on imitât et continuât sa sollicitude à l'égard des pauvres et des petits. Il affranchissait son vieux serviteur de confiance, Mys, ainsi que trois autres esclaves, dont une femme (*Vita*, 20). Il demandait qu'on prît soin aussi de Nicanor, « comme j'ai fait moi-même », disait-il, « afin que tous ceux de mes compagnons dans l'amour de la sagesse qui, de leurs propres ressources, ont pourvu à mes besoins et qui, après m'avoir montré toutes les marques possibles d'amitié, ont choisi de vieillir avec moi dans l'étude de la philosophie ne manquent, autant qu'il est en mon pouvoir, d'aucune des choses nécessaires » (*Vita*, 20).

Enfin, puisque les offrandes annuelles aux morts (τὰ ἐναγίσματα), ainsi que les fêtes aux jours anniversaires de la naissance, sont l'occasion de réjouissances (1) où s'épanouit l'âme commune du groupe, on devait pieusement garder l'usage de ces rites, en l'honneur des parents et des trois frères (Néoclès, Chairédémos et Aristobule) d'Épicure, de son ami Polyainos, de même qu'à l'anniversaire de sa naissance, sans parler du banquet le 20 de chaque mois pour célébrer sa mémoire et celle de Métrodore (2).

(1) Cf. Vogliano, p. 44, fr. 5, col. XVIII.1 ss. ἐτάξαμεν ἀξίως Πυθοκλέους τοῦ ἀρίστου καὶ τὰ περὶ τὴν ἐκφορὰν ἐπιλαμπρύναντες καὶ τὰ περὶ τὴν παρασκευὴν τῶν εἰωθότων ἐπὶ τοῖς τηλικούτοις γίνεσθαι δείπνων.
(2) Cf. Philod., π. εὐσ., p. 104 Gomp. (cf. Diels, *Sitz. Ber. Berl.*, 1916, p. 894) παραγίνεσθαι ἀλ]ηλιμμένον [ἐπὶ δεῖπν]ον, αὐτόν τε [ἑορτὴν τ]αύτην ἄγειν (*sic* Diels : ἀλ]ηλιμμένον [Ἐπίκουρ]ον αὐτὸν τε[λετὴν τ]αύτην ἄγειν Vogliano, p. 127) [τὴν ταῖς] εἰκάσι. Epicure semble avoir consacré cette fête du 20 de chaque mois à la mémoire de Métrodore, puis, après sa mort, à la sienne. Mais c'était originellement une fête d'Apol-

Davantage, pour que les amis, dans ces fêtes, se
livrassent sans scrupule à la joie, Épicure pourvoyait
d'avance aux frais nécessaires en y affectant une

Ion, dit, pour cela même, Eikadios (*P. W.*, V, 2098). Il existait à Athènes un collège d'Εἰκαδεῖς, supposé fondé par le héros Eikadeus, en l'honneur d'Apollon Parnéssios (cf. Michel, 974 : décret du collège en 324 /3). Diels, *l. c.*, p. 894 n. 1, cite Bacchylide (70.3 : III, p. 216 Edmonds) : ὁρμαίνω τι πέμπειν | χρύσεον Μουσᾶν Ἀλεξάνδρῳ πτέρον | καὶ συμποσίοισιν ἄγαλμ' ἐν εἰκάδεσσιν (skolion à Alexandre Ier de Macédoine, fils d'Amyntas, 498-454). — Il convient de noter en outre que la fondation d'une école philosophique à Athènes ne pouvait se faire que sous le mode de la fondation d'un collège cultuel, d'un *thiasos*, cf. Wilamowitz, *Antigonos von Karystos*, pp. 262 ss. (Exc. 2, *Die rechtliche Stellung der Philosophenschulen*). Or un κοινόν religieux ne va pas sans κοινὰ ἱερά, sans sacrifices réguliers, suivis, comme de juste, du repas de culte (Wil., pp. 274 ss.). Ainsi l'Académie et le Lycée étaient-ils des thiases des Muses et nous savons que, dans le dernier, un repas cultuel réunissait « les amis » à chaque nouvelle lune, Wil., p. 84.15 (Λύκων δὲ ὁ Περιπατητικός) ἐδειπνίζω τοὺς φίλους κτλ. et *ib.*, pp. 264-265. (Voir aussi *St. V. Fr.*, III, p. 198.47). Que ces repas rituels en l'honneur des Muses deviennent, dans le thiase épicurien (cf. fr. 414 Us. καὶ τὰ ἱερὰ ἀνακραυγάσματα... μετὰ τῶν σεαυτοῦ θιασωτῶν), des repas rituels en l'honneur de parents ou d'amis défunts, des banquets funéraires (d'où les termes d'ἐναγίσματα *Test.* 18, καθαγίζω et συγκαθαγίζω *infra*, p. 34, n. 3), cela ne change rien à leur caractère religieux. Peut-être faut-il voir, avec Bignone, *L'Ar. perd.*, II, pp. 233-242, une parodie de ces banquets rituels du thiase épicurien dans les vers du poète comique anonyme cités par Plutarque, *c. Ep. beat.*, 16, 1098 C, v. 5-6 ὑμνεῖτο δ'αἰσχρῶς, κλῶνα πρὸς καλὸν δάφνης, ὁ Φοῖβος οὐ προσῳδά, mais la traduction de οὐ προσῳδά (« d'un chant inharmonieux »), par Bignone, p. 234 (« non alla guisa dei Prosodii santi »), repose sur une confusion entre προσῳδία (ᾠδή) et προσόδιον (ὁδός), chant de procession bien connu en effet dans le culte d'Apollon (par ex. à Delphes, *Syll.*³ 450.4, 698 C et à Délos, *ib.*, 662.8), mais sans rapport avec notre texte. Je doute fort aussi que, dans *Vita* 4, le passage corrompu ἅ ἐστι περὶ τοῖς κδ puisse être lu ἅ ἐστι περὶ τοὺς Εἰκαδεῖς (Bignone, p. 240). Malgré ce qu'en dit Bignone, citant Bonitz (*Ind. Arist.*, 579 *b* 20), l'accusatif après περί serait, en ce sens, inouï (surtout dans un titre d'ouvrage) ; en outre κδ, après le pluriel τούς, serait lu normalement « vingt-quatre » ; enfin τοὺς Εἰκαδεῖς,

VIE D'ÉPICURE

partie des revenus des propriétés qu'il laissait (1).
Un texte précieux nous indique l'esprit dans lequel on devait célébrer ces banquets (2). On ne doit admettre à la fête ni ceux qui vivent dans le libertinage (?) (3), « ni ceux qui gémissent dans le trouble de l'âme ; en revanche ceux qui gardent en mémoire la forme des êtres parfaits et tout bienheureux (c.-à-d. des dieux), il faut les inviter à festoyer (εὐωχεῖσθαι)

s'il était possible, ferait songer au collège religieux des Εἰκαδεῖς, mentionné plus haut, et non aux Epicuriens qui n'ont jamais porté ce nom. (Signalons ici, une fois pour toutes, que nombre des affirmations de Bignone reposent ainsi sur des constructions fantaisistes.) La correction τῆς εἰκάδος (Hübner, suivi par Usener, Bailey) qui suppose la graphie byzantine τῆς κδ, ne me paraît non plus guère vraisemblable. Mieux vaut, avec Kochalsky, tenir τοῖς κδ pour une correction marginale de Σωτίων ἐν τοῖς δώδεκα τῶν κτλ., correction qui aura passé ensuite dans le texte et corrompu d'une manière irrémédiable la suite ἅ ἐστι περὶ***.

(1) De telles fondations ne sont pas rares à l'époque hellénistique. Les plus connues sont celles de Diomédon de Cos, vers 300 (*Syll.*[3] 1106 = B. LAUM, *Stiftungen in der griechischen u. römischen Antike*, Leipzig, 1914, II, p. 52, n° 45 : collège familial en l'honneur d'Héraclès Diomédontéios), de Posidonios d'Halicarnasse, vers la fin du IIIe s. (*Syll.*[3] 1044 = LAUM, II, p. 111, n° 117 : collège familial en l'honneur de divers dieux et du Bon Génie de Posidonios et de sa femme Gorgis), d'Epictèta de Théra, vers 200 (MICHEL 1001 = LAUM, II, p. 43, n° 43 : Mouséion familial en l'honneur des Muses et des morts héroïsés de la famille). Au IIe s. encore de notre ère, une riche dame d'Acraiphia en Béotie fonde (non plus, cette fois, par testament) un collège d' « héroïastes » composé des compagnons d'éphébie de son fils, pour honorer la mémoire de ce fils (et d'une fille) et garder pieusement leur sépulcre (*Syll.*[3] 1243). En général, sur ces fondations, cf. F. POLAND, *Gesch. d. Griech. Vereinswesen* (Leipzig, 1909), pp. 227 ss., 272 ss., et *passim*, LAUM, *op. cit.*, t. I.

(2) VOGLIANO, p. 70, fr. 8, col. I, 1 ss. Sur ces « banquets épicuriens », voir aussi fr. 190 Us. et BIGNONE, *L'Ar. perd.*, II, pp. 170 et 210-211.

(3) Le papyrus est ici mutilé et le sens restitué par conjecture.

et à rire (1) comme les autres, sans oublier aucun des membres de la famille épicurienne (τοὺς κατὰ τὴν οἰκίαν) ni absolument aucun des gens du dehors (2), pour autant qu'ils sont bien disposés à l'égard et d'Épicure et de ses amis. Ce faisant, on ne cherchera pas une vaine popularité contraire à la vraie philosophie de la nature (ἀφυσιολόγητον), mais, agissant selon les lois propres de la nature, on se souviendra de tous ceux qui nous manifestent de la bienveillance, afin qu'ils aident à célébrer ces banquets rituels qui conviennent à ceux qui philosophent ensemble en vue d'atteindre à la béatitude » (3).

---

(1) εὐωχ[εῖσ]θαι αὐτοὺς <καὶ> γελᾶν ὡς κτλ., l. 6. BIGNONE (cf. n. 3), lit εὐωχεῖσθαι αὐτοὺς γελανῶς, leçon proposée d'abord, puis rejetée à bon droit par Vogliano, cf. VOGL., p. 127.

(2) οἱ ἔξωθεν, terme consacré (avec οἱ ἔξω) pour désigner ceux qui n'appartiennent pas à l'école du Jardin, cf. JENSEN, p. 44, n. 3.

(3) ὅπως συ[γκαθ]αγίζωσιν τὰ <τοῖς> ἐπὶ τῇ ἑαυτ[ῶν μα]καρίᾳ συ[μφι]λοσοφο[ῦσι καθ]ήκοντα, ll. 19-21 ; cf. aussi BIGNONE, *L'Ar. perd.*, II, p. 210, n. 4, qui omet <τοῖς>, non indispensable, et complète τῇ ἑαυτ[οῦ μα]καρίᾳ. Pour συγκαθαγίζω dans ce sens, cf. Damoxène le Comique, fr. 2 Kock καθήγισα, en parlant de banquets épicuriens. — Sur εὐωχεῖσθαι, l. 6, cf. (avec VOGLIANO, p. 126), PHILOD., π. εὐσ., p. 104, 8-9 Gomp. καὶ καλέσαν[τα (sc. Épicure) πάν]τας εὐωχῆσαι. Ce verbe, et le substantif εὐωχία, sont termes propres pour les festins rituels, cf. PLAT., *Lois*, II, 666 *b* τετταράκοντα δὲ ἐπιβαίνοντα ἐτῶν, ἐν τοῖς ξυσσιτίοις εὐωχηθέντα, καλεῖν τούς τε ἄλλους θεοὺς καὶ δὴ καὶ Διόνυσον παρακαλεῖν εἰς τὴν τῶν πρεσβυτῶν τελετήν ἅμα καὶ παιδιάν, *Syll.*[3] 783 (c. 27 a. C.), l. 43 τοὺς μὲν θεοὺς ἐθρήσκευσεν εὐσεβῶς, τοὺς δ'ἀνθρώπους εὐώχησε πανδήμως, *OGI* 168 (115 a. C.), l. 11 (εὐωχηθεὶς ἐπὶ τοῦ Ἡραίου), qu'il s'agisse de banquets funèbres, v. g. *Syll.*[3] 1232 (58-59 p. C.), l. 10 ὥστε τὰς] γενησομ[ένας ἀεὶ] ἐξ αὐτῆς προσόδους εἴς τε ἀνα[σκευὴ]ν τοῦ μ[νημείου καὶ] εὐωχίαν εἶναι, *CIG* 3028 (= LAUM, *Stiftungen*, II, 75, cf. L. ROBERT, *Rev. Phil.*, 1943, p. 191, n. 10) τούτου κήδονται οἱ ἐν Ἐφέσῳ ἐργάται προπυλεῖται πρὸς τῷ Ποσειδῶνι Ψ... ποιήσουσιν δὲ τὴν εὐωχίαν μη(νὸς)

« Il faut tout ensemble rire et philosopher », avait dit le maître (1). S'il entend qu'après sa mort, aux jours anniversaires, on continue de se réjouir, ce n'est pas, comme le pense Cicéron (2), qu'il se contredise lui-même en attribuant à l'âme une durée posthume : bien plutôt il veut que l'atmosphère de joie qu'il avait su, de son vivant, créer dans le groupe des disciples ne soit pas dissoute par son absence. Or il n'est pas de joie meilleure que de se retrouver entre amis, pour célébrer, d'un même cœur, la mémoire d'un si bon maître.

Ποσ(ειδεῶνος) ἡ΄ ἀπι(όντος), ou de festins de collèges, v. g *OGI* 737 (ii. s. a. C.), l. 18-19 ἔτι δὲ καὶ ἐπὶ τῶν τοῦ πολιτεύματος εὐωχιῶν στεφανοῦσθαι (décret de mercenaires iduméens installés à Memphis), ou de festins de mystères, par ex. à Ephèse, cf. STRAB., XVI, 20, p. 893.14 Mein. πανήγυρις δ'ἐνταῦθα (à Ephèse) συντελεῖται κατ'ἔτος, ἔθει δέ τινι οἱ νέοι φιλοκαλοῦσι μάλιστα περὶ τὰς ἐνταῦθα εὐωχίας λαμπρονύμενοι. τότε δὲ καὶ τῶν Κουρήτων ἀρχεῖον συνάγει συμπόσια καί τινας μυστικὰς θυσίας ἐπιτελεῖ, *Brit. Mus. Inscr.* 483.9 (sous Commode, 180-192) μὴ ἔλαττον ἀναλίσκειν εἰς τὴν εὐωχίαν, 15 ἐπὶ ταῖς ὁμοίαις εὐωχίαις (*ib.*, l. 10 ἀνάλωμα τοῦ δείπνου. Il s'agit de mystères, cf. l. 2 πάντα περί τε μυστηρίων καὶ θυσιῶν). Sur εὐωχία, voir aussi l'inscription d'Antiochus I de Commagène, *Inscr. gr. l. Syrie*, 1, l. 91 avec la note des éditeurs. On trouve également, dans le même sens, εὐφροσύνη, par ex. à Panamara de Carie, cf. *BCH*, LI (1927), p. 73, n° 11, ll. 7-9 καλῶ πρὸς τὸν θεὸν ὑμᾶς καὶ παρακαλῶ καὶ τοὺς ἐν τῇ πόλι τῆς παρ' αὐτῷ μετέχιν εὐφροσύνης (= invitation à la table du dieu), πάντας ἀνθρώπους ὁ θεὸς ἐπὶ τὴν ἑστίασιν καλεῖ καὶ κοινὴν καὶ ἰσότιμον παρέχι τράπεζαν τοῖς ὁποθενοῦν ἀφικνουμένοις. Sur ces formules, cf. le commentaire de P. ROUSSEL, *ib.*, pp. 131-135. Cf. aussi MARC LE DIACRE, *Vie de Porphyre*, 92 ἐποίησεν εὐφροσύνην (il s'agit d'un banquet).

(1) γελᾶν ἅμα δεῖν καὶ φιλοσοφεῖν, *Gn. V.*, XLI, cf. fr. 394 Us. εἰ δὲ χρὴ γελᾶν ἐν φιλοσοφίᾳ.
(2) CIC., *De fin.*, II, 31, 101.

CHAPITRE III

L'AMITIÉ ÉPICURIENNE

Quand Épicure s'établit à Athènes, quelques-uns des disciples l'accompagnèrent, d'autres restèrent en Asie. Mais la séparation ne rompit pas le lien. On s'écrivait constamment : une lettre célèbre est adressée « aux philosophes qui sont à Mytilène » (1), une autre « aux amis qui sont à Lampsaque » (2), sans parler des lettres privées à tel ou tel des amis. Deux ou trois fois le maître fit visite à ses communautés d'Ionie (3). Ce chaud commerce d'amitié n'est pas un

---

(1) Fr. 111-114 Us. Sur cette lettre, cf. l'importante étude de BIGNONE, L'Arist. perd., II, pp. 42 ss., 112 ss. Elle serait écrite de Lampsaque, ib., pp. 78, 113-114.
(2) Fr. 107-110 Us.
(3) δὶς ἢ τρὶς εἰς τοὺς περὶ τὴν Ἰωνίαν τόπους πρὸς τοὺς φίλους διαδραμόντα, Vita 10. Cf. la lettre à un petit garçon, fr. 176 Us. = VOGLIANO, p. 49. (V. cependant attribue la lettre, non à Epicure, mais à Polyainos, l. c., pp. 116-118), cf. infra, p. 65. — On ne peut s'empêcher de comparer l'intérêt que porte Epicure à ses communautés d'Asie et la sollicitude de l'apôtre Paul à l'égard de ses « églises ». De part et d'autre, ce sont des occasions pareilles qui donnent lieu au commerce épistolaire. Il s'agit de fixer des points de doctrine, et ce sont alors les grandes lettres fondamentales à Hérodote et à Menécée (la lettre à Pythoclès paraît avoir été compilée d'après le π. φύσεως : le début seul serait authentique, cf. Usener, pp. XXXVII-XXXIX). Ou bien les communautés sont dans la peine ; l'apostat Timo-

fait entièrement nouveau. Dans l'Académie aussi, la Φιλία était le lien spirituel du groupe, et Aristote, le disciple transfuge, ne pourra jamais oublier les impressions qu'il ressentit, lorsque, tout jeune, il fut admis à vivre près de Platon. Platon aussi prenait soin de ses disciples absents. Il les visite — ainsi Dion et le groupe platonicien de Syracuse —, il leur écrit, les conseille, les exhorte à vivre entre eux dans une communion véritable. La lettre VIe offre un bon exemple de ces billets de direction (1). Hermias, tyran d'Atarnée, Érastos et Coriscos, établis à Skepsis, sont voisins : qu'ils essaient donc de former par des liens mutuels une intime union d'amitié (2) : en cas de désaccord, qu'on ait recours à Platon lui-même (323 *b*). Au surplus, avant Platon, il y avait eu déjà les cercles d'amis pythagoriciens de Grande Grèce. D'une manière générale, on peut dire que toutes les écoles philosophiques de l'antiquité se présentent comme des foyers d'amitié.

Néanmoins, certains traits distinguent les « amis » épicuriens de leurs prédécesseurs d'Athènes ou d'Italie : et ces traits mêmes révèlent le changement qui s'est opéré dans les esprits et dans les mœurs, à la fin du IVe siècle, par le fait des circonstances.

L'Académie ne comprenait que des hommes : si une jeune fille se glisse dans le groupe, c'est à la

---

crate, qui s'est glissé dans l'entourage de Lysimaque, répand de vilains libelles contre le maître et ses disciples (cf. JENSEN, *op. cit.*). Ou encore, ce sont de courts billets de direction et d'amitié.

(1) Sur l'authenticité de la lettre VI, cf. JAEGER, *Aristoteles*, pp. 112 ss.

(2) πειρᾶσθαι ταῖς ἀνθέξεσιν ἀλλήλων εἰς μίαν ἀφικέσθαι φιλίας συμπλοκήν, 323 *b* 1-2.

faveur d'un déguisement (1). Et l'une des raisons manifestes de cette exclusion des femmes est que l'Académie ne prépare pas tant à la vie solitaire de l'homme de science qu'à la vie active du politique. On néglige l'essentiel dans l'œuvre de Platon quand on omet de considérer que Platon veut remédier avant tout à la chose publique. Le remède est que les futurs gouvernants soient aussi philosophes, qu'ils connaissent la vraie justice pour l'incorporer, par de bonnes lois, dans les institutions. Nombreux sont les hommes politiques sortis de l'Académie : Phocion d'Athènes en est le modèle (2). Dans la lettre VI, Platon montre précisément quel grand bienfait résultera de l'union entre le politique Hermias et les deux jeunes platoniciens qui, bien instruits sans doute dans la noble science des Idées (τῇ τῶν εἰδῶν σοφίᾳ τῇ καλῇ ταύτῃ, 322 d 5), manquent néanmoins d'expérience et de science pratique.

Tout autre est le dessein d'Épicure et, partant, de l'amitié qu'il préconise entre ses disciples. Rien n'indique qu'Épicure, citoyen d'Athènes, se soit jamais intéressé à la vie politique de sa patrie. En tout cas, lors même qu'adolescent il eût été tenté d'y prendre part, les malheurs qui affligèrent sa jeunesse étaient propres à l'éloigner définitivement des affaires. Il apparaît bien, dès lors, comme un homme des temps nouveaux, un homme persuadé de l'intense misère de vivre et qui cherche son refuge dans l'ataraxie : « La

---

(1) C'est l'Arcadienne Axiothéa, après avoir lu une partie de la *République*. Cf. Arist., *Nérinthos*, fr. 64 Rose.
(2) Bernays, *Phokion u. seine neueren Beurteiler* (Berlin, 1881), pp. 44 ss., a bien mis en lumière ce que Phocion doit à sa formation dans l'Académie.

terre tout entière vit dans la peine (1), c'est pour la peine qu'elle a le plus de capacité. Il n'est guère besoin de le démontrer pour chacun des êtres vivants, puisque le sort même de l'être supérieur ne contredit en rien à cette vérité universelle (2). » Si le salut, par suite, consiste dans l'absence de trouble, il serait absurde de se livrer soi-même aux troubles de la vie politique. Plutôt que la modestie (3), c'est cette persuasion fondamentale qui a poussé Épicure à se tenir loin des affaires, à vivre d'une vie cachée (4). Écoutons-le lui-même : « Certains ont voulu devenir illustres et considérés, pensant qu'ils se procureraient ainsi la sécurité du côté des hommes. Si par là leur existence est vraiment sûre, ils ont atteint le bien que poursuit la nature : si elle n'est pas vraiment sûre, ils ne possèdent pas ce qu'ils convoitaient à l'origine, en suivant l'inclination propre de la nature » (*k. d.* VII). « Il faut nous libérer de la prison des affaires et de la politique » (*Gn. V.* LVIII). « Impossible de mener une vie libre si l'on acquiert de grandes richesses, car cette acquisition n'est pas facile sans se rendre esclave de la foule ou des monarques : pourtant la vie libre possède toutes choses en continuelle abondance ; et si par hasard il lui échoit de grandes richesses, eh bien, il est facile de les distribuer pour se gagner le cœur de ceux qui vivent près de nous » (5) (*Gn. V.* LXVII). « Le trouble de l'âme

(1) Sur le sens de πόνος chez Epicure, cf. JENSEN, *l. c.*, p. 35, n. 4.
(2) JENSEN, fr. I.
(3) ὑπερβολῇ γὰρ ἐπιεικείας οὐδὲ πολιτείας ἥψατο, *Vita* 10.
(4) λάθε βιώσας, fr. 551 Us.
(5) Et ainsi s'en faire des amis, ce qui est le plus grand bien. Cf. BAILEY, *ad loc.*

n'est apaisé, la joie véritable n'est créée ni par la possession des plus grands biens, ni par l'honneur et la considération aux yeux de la foule, ni par quoi que ce soit d'autre qui dépende des causes sans limites » (*Gn. V.* LXXXI) (1).

De ce principe originel dérive tout le comportement du sage, et en particulier son culte de l'amitié. Tout d'abord, puisque l'éducation philosophique ne vise plus à former des hommes publics, le groupe des disciples s'ouvre aux femmes, épouses légitimes comme Thémista, femme de Léonteus de Lampsaque, courtisanes comme Léontion, Mammarion, Hédéia (la Douce), Erotion, Nikidion, Démèlata. On serait porté à s'étonner d'abord de ce grand nombre d'hétaïres, et il n'est pas douteux que leur présence dans l'École n'ait donné lieu à des bruits fâcheux (2). Mais il faut se souvenir que la morale des anciens n'est pas, sur ce chapitre, celle du christianisme, et qu'il convient de la juger d'après ses règles. A un adolescent travaillé de violents désirs charnels, Épicure écrit (*Gn. V.* LI) : « Tu me dis que l'aiguillon de la chair te porte à abuser des plaisirs de l'amour. Si tu n'enfreins pas les lois et ne troubles d'aucune façon les bonnes mœurs établies, si tu ne gênes aucun de tes voisins, si tu n'épuises pas tes forces et ne prodigues pas ta fortune, livre-toi sans scrupule à ton inclination. Cependant il est impossible de ne pas être arrêté par l'une au moins de ces barrières : les plaisirs

---

(1) οὔτ' ἄλλο τι τῶν παρὰ τὰς ἀδιορίστους αἰτίας. Les causes illimitées ne peuvent être que des causes psychologiques, en l'espèce le désir infini qui nous empêche d'être jamais satisfaits, cf. Us. fr. 548 et ss. Pour le sens de παρά, cf. *L. S. J.*, s. v., III 7.
(2) Cf. Usener, p. 402, s. v. Δημηλάτα.

de l'amour n'ont jamais profité à personne, c'est beaucoup quand ils ne nuisent pas » (cf. *Vita* 118). En outre, ces jeunes femmes trouvaient dans le Jardin un milieu où on les traitait en égales, où l'on admettait leur dignité de personnes humaines : or c'était là, pour elles, une expérience toute nouvelle. En effet, si la courtisane à Athènes, à la fin du IVe siècle, n'est pas, à vrai dire, méprisée (1), sa condition néanmoins est loin de celle des femmes mariées. Elle reste, avant tout, objet de plaisir. On la loue, puis la rend au *leno*, à son gré (2). La maîtresse qu'on introduit chez soi, sans l'épouser, comme la Glycère de Ménandre (Περικειρομένη), risque de subir d'indignes outrages. Glycère est tondue à ras par le soldat Polémon au cours d'une scène de jalousie : nul Grec n'aurait osé traiter ainsi son épouse devant la loi. On imagine donc aisément ce que devaient ressentir ces courtisanes (3) auprès d'Épicure, dans un pays et en un temps où l'hétaïre était l'esclave de la femme mariée. Quelqu'un, enfin, leur reconnaissait une âme, veillait au bien de cette âme. Davantage, il pouvait arriver que, frappé des qualités intellectuelles et morales d'une hétaïre, Épicure lui confiât la présidence temporaire qui revenait, tour à tour, à l'un ou l'autre des disciples : ainsi dans le cas de Léontion (4).

---

(1) Comme elle le sera à Rome, où le mot même de *scortum* (littéralement « une peau ») pour désigner la courtisane est infiniment plus brutal que celui de ἑταίρα, « compagne ».
(2) Cf. l'Habrotonon des Ἐπιτρέποντες de Ménandre.
(3) Le nom (qui, au vrai, est un surnom) de plusieurs de ces jeunes femmes indique la condition servile.
(4) Cf. Jensen, p. 12, col. II.12 ss. (C'est le dieu Asclépios qui s'adresse à Epicure) : « Maintenant, en ce qui concerne

Mais l'admission des femmes dans le groupe n'est qu'un signe extérieur : elle n'explique pas encore l'essence de l'amitié épicurienne. Ce qui caractérise le fond de cette amitié, c'est qu'elle n'est plus seulement un moyen, comme dans l'Académie, mais bien une fin en soi. Dans le système de Platon, l'ἔρως ou la φιλία n'a valeur que d'intermédiaire (1). Le sentiment qu'éveille la vue d'un être aimé doit être le point de départ d'une série de démarches progressives grâce auxquelles on s'élève jusqu'à cet océan de beauté qu'est l'Être intelligible et, par delà, jusqu'à l'Un qui unifie tous les intelligibles. L'amitié que forment entre eux les membres de l'Académie sera ainsi comme une provocation constante à un amour plus haut, à l'amour de la sagesse. On s'aime l'un l'autre pour s'exciter mutuellement à la contemplation. L'amitié est nécessaire à la dialectique, sans quoi celle-ci tournerait en éristique. Elle est nécessaire à l'effort commun, où l'on courrait le risque de se décourager. Durant l'ascension requise du futur

---

les insultes qu'il (Timocrate) a ramassées contre vous, il ne parvient même pas à vous diffamer quand il déclare ignominieux pour vous tous que Léontion ait reçu, pour quelque temps (διὰ χρόνου : Jensen traduit, à tort je crois, « nach einer Weile », ce qu'il commente, p. 47 : « nicht lange nach ihrem Eintritt »), la présidence sur les autres disciples, voire sur une femme mariée (Thémista). Il n'a guère le droit de se rire de ces choses, et c'est lui qui se déshonore en voulant vous déshonorer. Car on peut donner la présidence à tous, quand c'est entre eux seuls qu'à tour de rôle ils exercent la fonction d'arbitre (διαιτήσωσι) et qu'ils ne risquent pas d'être traités avec mépris par un arbitre qui ne partagerait pas leurs dispositions. »

(1) L'amour « intermédiaire » : cf. Plat., Banquet, 201 e 7-202 b 4. L'amour « collaborateur » en vue d'atteindre à la vision du Beau (qui est la fin suprême) : ib., 212 b 3 τούτου τοῦ κτήματος (l'acquisition de la θεωρία du Beau) τῇ ἀνθρωπείᾳ φύσει συνεργὸν ἀμείνω Ἔρωτος οὐκ ἄν τις ῥᾳδίως λάβοι.

gouvernant, l'amitié a dès lors un grand prix : elle ranime, elle fortifie, elle soutient l'élan. Mais elle n'est pas le terme. Le terme est l'Être invisible et la contemplation intellectuelle de cet Être. On peut comparer cette amitié platonicienne à la ferveur qui, dans une classe de collège, anime le maître et les élèves quand ils sont également épris du beau savoir, ou, mieux encore, à l'émulation qui règne dans un noviciat sous la conduite d'un saint moine.

En revanche l'amitié épicurienne est une fin en soi. Elle n'est plus seulement un intermédiaire vers la sagesse : elle est la sagesse elle-même (1). Comment cela ? Pour le bien comprendre, il faut remonter jusqu'au point d'origine de la doctrine morale d'Épicure.

Devant le mal de vivre, l'attitude de la sagesse grecque avait été jusqu'alors et restera longtemps celle de la patience, non pas dans l'accablement, mais dans la force : le sage soutient les coups de la Fortune, il résiste et tient bon (2). Mais on peut adopter une autre voie. On peut échapper à la Fortune en évitant, par le détachement, de lui donner la moindre prise sur sa personne. Il suffit de connaître exactement la valeur de nos désirs et de ne satisfaire, parmi ces désirs, que ceux qu'on ne peut négliger sans cesser de vivre (3).

---

(1) USENER, *Kl. Schr.*, I, pp. 305-309, a finement analysé les causes psychologiques de l'amitié épicurienne. Voir aussi BIGNONE, *L'Ar. perd.*, II, pp. 287-303.
(2) Cf. *L'Enfant d'Agrigente*, pp. 9 ss. ; *La Sainteté*, ch. II, pp. 27-68, et mon article Ὑπομονή *dans la tradition grecque*, ap. *Rech. Sc. Relig.*, XXI (1931), pp. 477-486.
(3) Désirs naturels et nécessaires ; désirs naturels et non nécessaires ; désirs qui ne sont que le produit d'une vaine imagination, *k. d.*, XXIX. Cf. *k. d.*, XXVI, XXX, *Ep.*, III, 127.

Dans cette élimination progressive, nous rencontrons d'abord les désirs de la bouche. Or rien n'est plus facile que de les contenter. « Nous tenons l'indépendance à l'égard des désirs (1) pour un grand bien, non dans l'intention de vivre toujours de peu, mais afin que, si nous n'avons point l'abondance, nous sachions nous contenter de ce peu, persuadés que ceux-là seuls jouissent le plus agréablement de l'opulence qui savent le mieux se passer d'elle, et que tout ce qui est naturel est aisé à obtenir (2), tout ce qui est superflu malaisé à obtenir. Des mets simples nous apportent un plaisir égal à celui d'une table opulente, si grâce à eux toute espèce de souffrance causée par le besoin est supprimée, et du gros pain et de l'eau nous procurent le souverain plaisir, lorsqu'on les porte à la bouche en ayant faim (3). » « Les cris de la chair sont : ' ne pas avoir faim, ne pas avoir soif, ne pas avoir froid'. Qui jouit de cet état et a l'espérance d'en jouir peut rivaliser en bonheur avec Zeus lui-même (4). »

Le Grec, en général, est sobre, et de tels préceptes n'avaient donc rien pour l'effrayer. Mais le Grec est passionné de gloire et d'honneur. Or le sage épicurien n'est pas moins détaché de ces désirs-là. Non seulement il n'a point de part aux affaires publiques (5),

---

(1) C'est ainsi que je rends αὐτάρκεια, intraduisible en français : littéralement « le fait de se suffire à soi-même ».
(2) Cf. *k. d.*, XV, XXI, *Gn. V.*, XXV.
(3) *Ep.*, III, 130-131, tr. Ernout modifiée. Cf. *Gn. V.*, LXVIII, fr. 473 et ss. Usener.
(4) *Gn. V.*, XXXIII. Cf. *Ep.*, III, 135 *fin* et fr. 602 Us.
(5) Cf. *supra* et *Vita* 119 οὐδὲ πολιτεύσεται (ὁ σοφός) ὡς ἐν τῇ πρώτῃ Περὶ βίων. Sur le mépris des honneurs et de la considération, cf. *k. d.*, VII (ἔνδοξοι καὶ περίβλεπτοι κτλ.), *Gn. V.*,

mais il ne recherche pas, dans son enseignement, les applaudissements de la foule : « Pour moi, quand je traite de la nature, j'aimerais mieux, carrément, faire l'oracle et couvrir d'obscurité les vérités utiles aux hommes, même si nul ne devait me comprendre, que de me conformer aux opinions communes et cueillir ainsi la louange dont le vulgaire est prodigue » (*Gn. V.* XXIX). « L'étude de la nature (1) ne fait pas des hommes des vaniteux ni des fabricants de phrases vides (2), elle ne porte pas à faire montre de cette culture qui apparaît si enviable à la foule, mais elle les rend fiers (3), indépendants des désirs (αὐτάρκεις), et leur apprend à mettre leur orgueil dans les biens qui ne dépendent que de nous-mêmes, non dans les biens qui dépendent des circonstances » (*Gn. V.* XLV). « Conforme, jusque dans la vieillesse, au modèle que j'exhorte à suivre, tu as su faire la différence entre philosopher pour soi-même et philosopher pour l'Hellade : je m'en félicite avec toi » (*Gn. V.* LXXVI).

Libre dans ses besoins, inaccessible aux passions ordinaires, le sage enfin ne se laisse troubler par aucune des craintes qui affligent le commun des hommes : crainte des dieux, de la souffrance et de la mort. C'est le point le plus connu de la doctrine, et il n'est guère besoin de s'y étendre. Bornons-nous à

LXXXI (ἡ παρὰ τοῖς πολλοῖς τιμὴ καὶ περίβλεψις) et BIGNONE, *L'Arist. perd.*, II, pp. 255-256.

(1) Au sens où l'entend Epicure.

(2) οὐ κομπούς (*sic* VAT. et BIGNONE. *L'Arist. perd.*, II, p. 172, n. 1 : κόμπου edd.) οὐδὲ φωνῆς ἐργαστικοὺς ... φυσιολογία παρασκευάζει. Cf. (avec Th. GOMPERZ, *Wiener Studien*, X (1888), p. 206), EURIP., fr. 512 φωνὴ καὶ σκιὰ γέρων ἀνήρ.

(3) Garder σοβαρούς avec BIGNONE, *Epicuro*, p. 156, n. 3, *L'Aristotele perduto.* I, p. 109, n. 1, II, p. 172.

rappeler le « quadruple remède » (ἡ τετραφάρμακος) :
« Les dieux ne sont pas à craindre, il n'y a point de
risque à courir dans la mort, le bien est facile à se
procurer, le mal facile à endurer avec courage (1). »

Sous d'autres climats, avec d'autres tempéraments,
une telle méthode aurait pu conduire à une sorte
d'anéantissement de la personnalité analogue au nir-
vâna bouddhique. S'il est vrai que la sagesse consiste
à éteindre en soi tous les désirs, à se rendre indifférent
à tous les mobiles de l'activité humaine, l'idéal serait
d'être complètement insensible, complètement atone
et inerte. La vie la meilleure serait celle où l'on vivrait
le moins et qui ressemblerait, dès à présent, au sommeil de la mort. Quoi qu'il en soit des mérites propres
d'une pareille voie de vie, le fait est qu'elle a toujours
répugné à l'âme occidentale, singulièrement à l'âme
grecque, et qu'elle ne présente avec la doctrine épicurienne que des analogies de surface. Le détachement de la richesse et des honneurs, le quadruple
remède, tout cela n'est que moyens en vue d'atteindre
l'ataraxie. Et l'ataraxie ne résume pas à elle seule
tout le bonheur. Elle en est la condition indispensable : il est impossible d'être heureux si l'on souffre,
dans la chair ou dans l'esprit. Mais il y a un contenu

---

(1) καὶ πανταχῇ παρεπόμενον ἡ τετραφάρμακος· ἄφοβον ὁ θεός,
ἀνύποπτον ὁ θάνατος, καὶ τἀγαθὸν μὲν εὔκτητον, τὸ δὲ δεινὸν
εὐεκκαρτέρητον (pour εὐεγκαρτέρητον), Philod. πρὸς τοὺς
Στωικούς (Pap. Hercul. 1005), col. 5, l. 7 (cf. Crönert, *Rh.
Mus.*, LVI, p. 617, *Kolotes*, p. 190). Pour εὐεκκαρτέρητος,
voir aussi Philod., *De dis*, I, col. 12.26 (p. 21 D.), 13.9 (p. 22 D.) :
τὰ[ηδ]ὲς εὐεκκαρτέρητόν ἐστι καὶ τἀγαθὸν ὅσ[ον ἐκ τῶν ὑπο-
κειμ]ένων ε[ὐεκ]πλήρωτον. Le contraire est δυσεκκαρτέρητον
ou ἀνεκκαρτέρητον (κακόν), *De dis*, I, col. 12.6 (p. 20 D.). —
Pour l'idée, voir encore *Ep.*, III, 133 ss., *k. d.*, I-IV, *Gn. V.*, I-IV.

positif de la béatitude : aux termes négatifs qui
marquent l'absence de trouble, de crainte ou de
peine (ἀταραξία, ἀφοβία, ἀπονία) font équilibre des
termes positifs qui indiquent une disposition de
joie physique ou spirituelle (εὐθυμία (1), χαρά,
εὐφροσύνη) (2). Ces plaisirs actifs, évidemment, ne

(1) εὐθυμία, mot spécifiquement démocritéen (cf. Diels-
Kranz, *Index*, s. v.), ne se rencontre pas dans les *Epicurea*,
mais dans une maxime d'Epicure conservée dans l'inscription
de Diogène d'Œnoanda, fr. LVI W. (= fr. 9. Usener, qui
rapportait cette maxime à la lettre d'Epicure à sa mère [fr.
LXIII-LXIV W.]) : οὐδὲν οὕτως εὐθυμίας ποιητικόν, ὡς τὸ μὴ
πολλὰ πράσσειν μηδὲ δυσκόλοις ἐπιχειρεῖν πράγμασιν μηδὲ παρὰ
δύναμίν τι βιάζεσθαι τὴν ἑαυτοῦ · πάντα γὰρ ταῦτα ταραχὰς
ἐνποιεῖ τῇ φύσ[ει]. Bignone rapproche justement du fr. 3 de
Démocrite (tiré du π. εὐθυμίης) : τὸν εὐθυμεῖσθαι μέλλοντα χρὴ
μὴ πολλὰ πρήσσειν ..., μηδὲ ἄσσ' ἂν πράσσῃ, ὑπέρ τε δύναμιν
αἱρεῖσθαι τὴν ἑωυτοῦ καὶ φύσιν. Usener ayant montré déjà
(*Rh. M.*, XLVII, 1892, p. 425) qu'en raison du mot εὐθυμία,
plus tard abandonné par Epicure, cette maxime devait apparte-
nir à un temps où le Sage était encore sous l'influence directe de
Démocrite (par l'intermédiaire de Nausiphane), et donc probablement au temps du séjour en Ionie, Bignone (*L'Ari. perd.*, II,
pp. 217-219) a cherché à rapporter ce texte à la lettre d'Epicure
« aux philosophes de Mytilène », qui daterait du séjour à
Lampsaque.
(2) Fr. 2 Us. : distinction des plaisirs « in stabilitate »
(καταστηματικαὶ ἡδοναί) et des plaisirs « in motu » (κατὰ
κίνησιν), la joie (χαρά) et l'épanouissement de l'âme (εὐφροσύνη).
Selon Bignone, *L'Aristotele perduto*, I, pp. 290 ss., 321 ss.,
Epicure, dans ce propos du π. αἱρέσεων καὶ φυγῶν rapporté
par Diog. La., X, 136, aurait opposé sa propre notion du plaisir
à celle des Cyrénaïques (Aristippe). Pour les Cyrénaïques,
l'ἀπονία n'est qu'un état neutre qui ne peut être dit vraiment
plaisir : le vrai plaisir est d'ordre cinétique. Epicure, en revanche,
donnerait le premier rang aux plaisirs négatifs de l'ἀπονία et
de l'ἀταραξία qui seuls procurent le repos au lieu que les plaisirs
« in motu » impliquent une activité intense (*intensa attività*,
Bignone, p. 322), un caractère violent (*quel carattere violento*,
p. 323). Epicure aurait été amené à cette opposition par le fait
que ses adversaires (Héraclide du Pont), réduisant l'εὐφροσύνη,
et la χαρά ici mentionnées à la joie des banquets dont parle

seront pas de ceux qui dépendent des hommes ou des circonstances — sans quoi l'on retomberait dans le trouble, puisque ces plaisirs, dépendant d'autrui, pourraient venir à manquer, et l'on souffrirait de leur manque, — mais ils seront tels que le sage puisse toujours se les procurer et qu'ils répondent à la notion de la « propre suffisance » (αὐτάρκεια) : ce seront donc avant tout des plaisirs spirituels.

Mais encore, quelle est la nature de ces plaisirs ?

Homère (*Od.*, IX, 5 ss.), auraient prétendu qu'Epicure faisait de cette joie sensible le τέλος de la vie humaine. C'est pour rejeter cette interprétation qu'Epicure opposerait sa notion du plaisir (καταστηματικαὶ ἡδοναί) à la joie et à l'exaltation (*esultanza*, BIGNONE, p. 321) des Cyrénaïques, plaisirs en mouvement et qui impliquent ἐνέργεια. Du même coup, il condamnerait l'εὐφροσύνη aristotélicienne qui, elle aussi, est en étroite connexion avec l'ἐνέργεια.

Je doute qu'il faille retrouver cette note de blâme dans l'emploi, en notre texte, de χαρά et d'εὐφροσύνη. Le témoignage de Diog. La. se borne à dire que, à la différence des Cyrénaïques qui n'admettent que le seul plaisir « in motu », Epicure admet les deux sortes pour le corps et pour l'âme (οἱ μὲν γὰρ τὴν καταστηματικὴν οὐκ ἐγκρίνουσι, μόνην δὲ τὴν ἐν κινήσει · ὁ δὲ ἀμφότερα <τὰ γένη> ψυχῆς καὶ σώματος), sans marquer aucun blâme à l'égard du second genre. Aussi bien avons-nous vu pluhaut (pp. 31 ss.) qu'il recommande, et préside lui-même, les banquets entre amis, et il veut que tous y festoient (εὐωχεῖσθαι). Sans doute le plaisir est-il, pour lui, un état de quiétude, une disposition sereine (γαληνισμός) qui exclut tout mouvement violent. Mais ce n'est pas un état purement négatif, loin de là, cf. fr. 68 Us. : « La stabilité de l'heureuse condition du corps (τὸ γὰρ εὐσταθὲς σαρκὸς κατάστημα) et le ferme espoir dans la durée de cette condition comportent une joie (χαρά) très haute et très solide pour ceux qui sont capables de réfléchir. » Bien mieux, Epicure lui-même distingue l'état négatif d'ataraxie de l'état positif de joie, cf. *Gn. V.*, LXXXI : « Ni le trouble de l'âme n'est chassé, ni la joie véritable n'est créée par la possession de la richesse, etc. » (οὐ λύει τὴν τῆς ψυχῆς ταραχὴν οὐδὲ τὴν ἀξιόλογον ἀπογεννᾷ χαρὰν οὔτε πλοῦτος κτλ.) Pour χαρά, cf. encore fr. 105 Us. = fr. 20 Bailey (lettre à Polyainos, qu'Usener

Cela revient à poser le problème du « genre de vie »
le plus digne du sage, et nous savons qu'Épicure
avait composé un ouvrage sur ce sujet (Περὶ βίων).
Quelques années avant Épicure, Aristote, dans le
Protreptique, avait montré combien la vie d'étude
et de contemplation est supérieure à la vie du politique ou de l'homme d'affaires. Or il pourrait sembler,
de prime face, que le philosophe du Jardin partage
cette opinion. « Épicure », nous dit-on, « fut le plus

suspecte sans raison) : λέγε δή μοι, Πολύαιν', οἶσθ'ἅπερ ἡμῖν
μεγάλη χαρὰ γεγένηται, et surtout la lettre d'Épicure à sa mère
ap. Diog. Œno., fr. LXIII W. (= 10 Us.), col. III-IV : πρὸς οὖν
ταῦτα, ὦ μῆτερ, [θάρρει · οὐδὲν] γὰρ ἐπι[δηλοῖ σοι τὰ] φάζματα(!)
ἡμ[ῶν κακόν]. τίθει δ'αὖ τ[οὐναντίον] καθ' ἡμέρα[ν χρήσιμ]όν τι
ἡμᾶς π[αρακ]τωμένους εἰς[τὸ μακρ]οτέρω τῆς ε[ὐδαιμ]ονίας
προβαίν[ειν · οὐ] γὰρ μεικρὰ οὐδέ[ν τ' ἰσχ]ύοντα περιγείνεται
ἡ[μ]ε[ῖ]ν τάδ', οἷα τὴν διάθεσιν ἡμῶν ἰσόθεον ποιεῖ, καὶ οὐδὲ διὰ
τὴν θνητότητα τῆς ἀφθάρτου καὶ μακαρίας φύσεως λειπομένους
ἡμᾶς δείκνυσιν. ὅτε μὲν γὰρ ζῶμεν, ὁμοίως τοῖς θεοῖς χαίρομεν,
fr. LXIV W. (= 11 Us.), col. I, l. 5 μετὰ δὴ τοιούτων ἡμᾶς
ἀγαθῶν προσδόκα, μῆτερ, χαίροντας αἰεὶ καὶ ἔπαιρε σεαυτὴν
ἐφ'οἷς πράττομεν. Pour tout dire, le plaisir catastématique est
conditionné sans doute par l'absence de douleur et de trouble,
mais il implique une joie positive qui ne va pas sans une
activité spirituelle, cf. encore Cic., *Tusc.*, III, 18, 41 = fr. 67,
p. 120.24-26 Us. : *laetantem enim mentem ita novi* : *spe eorum
omnium quae supra dixi* (voluptés des sens de l'ouïe et de la vue),
fore ut natura iis potiens dolore careat. Au surplus, dès 1904,
dans sa belle étude sur *La Théorie du plaisir selon Épicure* (que
M. Bignone ne semble pas connaître), V. Brochard a montré que
l'εὐσταθεία σαρκός (fr. 8, p. 95.10 Us., fr. 424, cf. fr. 68), qui
résulte immédiatement de la suppression de la douleur, est un
état positif : « Le plaisir se produit toujours quand la douleur
est supprimée. Il a pour condition nécessaire et suffisante la
suppression de la douleur, mais en lui-même, il est parfaitement
positif et réel. Il est le bien-être physique qui résulte naturellement de l'équilibre corporel ou de la santé, il est le sentiment
même de la santé ou de la vie », *Études de phil. ancienne et de
phil. moderne*, 2º éd. (Paris, 1926), pp. 271-272, voir aussi
pp. 269 ss.

fécond des polygraphes et dépassa tous les auteurs par le nombre de ses écrits. En fait il existe de lui, plus de trois cents volumes, et tout y est l'expression même de sa pensée, sans aucun emprunt à autrui ». Seul, Chrysippe paraissait égaler Épicure sur ce point — Carnéade le nommait un ver rongeur nourri des livres de son rival —, mais ses écrits étaient remplis de citations, comme ceux de Zénon et d'Aristote (*Vita* 26-27). L'auteur du Περὶ φύσεως en trente-sept livres et de bien d'autres écrits connexes ne peut vraiment avoir considéré « l'étude de la Nature » (1), comme une occupation toute vaine. Ne dit-il pas lui-même à Menécée qu'il ne faut jamais cesser de philosopher ? « Le jeune homme ne doit pas différer d'étudier la philosophie, ni le vieillard se dégoûter de cette étude. Car il n'est jamais trop tôt ni trop tard pour s'occuper de la santé de l'âme. Et dire que l'heure de s'adonner à la philosophie n'est pas encore venue ou est passée, c'est dire que l'heure d'être heureux n'est pas encore ou qu'elle n'est plus. Ainsi est-ce un devoir d'étudier la philosophie et pour le jeune homme et pour le vieillard (2). » Méditer (3) sans trêve sur les choses qui procurent la béatitude, les méditer nuit et jour, à part soi ou avec un compagnon semblable à soi, voilà donc, semble-t-il, l'essentielle obligation du sage.

(1) ἡ φυσιολογία dans la terminologie d'Epicure.
(2) *Ep.*, III, 122, tr. ERNOUT. Cf. *Ep.*, I, 37 : « Comme je recommande de consacrer à l'étude de la nature une activité incessante et que j'y trouve du reste ce qui donne le plus de calme à la vie » (καὶ τοιούτῳ μάλιστα ἐγγαληνίζων τῷ βίῳ, cf. I, 83 *fin* τὰ κυριώτατα πρὸς γαληνισμόν). Tr. ERNOUT. Voir aussi *Gn. V.*, X (Métrodore) et LUCR., I, 72 ss., III, 28 ss.
(3) μελετᾶν, *ib.*, 122, μελέτα, 135.

Encore faut-il délimiter exactement le sens et la portée de cette vie théorétique. Tout d'abord, non seulement elle n'inclut pas, mais elle exclut même tout ce que les Grecs entendent sous le vocable de παιδεία, c'est-à-dire tous les arts libéraux : ceci déjà établit une différence radicale entre la sagesse épicurienne et celle, par exemple, de Platon et d'Aristote. « Tire ta barque, bienheureux », écrit le maître au jeune Pythoclès, « et fuis à pleines voiles toute forme de culture » (fr. 163 Us.). Les épicuriens, dans l'antiquité, passaient pour être les ennemis de la science — « ceux qui ont manifesté l'opposition la plus radicale à la science sont, à ce qu'il semble, les Épicuriens, soit qu'ils croient vraiment que la science ne contribue en rien à la perfection de la sagesse, soit que, comme le suggèrent quelques-uns, ils espèrent voiler ainsi leur propre ignorance (de fait l'ignorance d'Épicure en bien des matières est flagrante), soit peut-être que les fortes études des disciples de Platon, d'Aristote et d'autres semblables leur aient porté sur les nerfs » (fr. 227 Us.) — et Cicéron nous rapporte que cette exclusion s'étendait bien à tout l'ensemble des arts libéraux (1) : « Épicure te paraît peu savant ? Mais c'est que, à son jugement, il n'y a pas de savoir qui compte s'il ne contribue à l'art de vivre heureux. Le sage ira-t-il perdre son temps à lire les poètes, qui n'offrent aucun mets solide et ne procurent qu'une jouissance puérile ? Ira-t-il, comme Platon, se consumer dans l'étude de la musique, de la géométrie, de l'arithmétique, de l'astronomie, qui, procédant de principes faux, ne

---

(1) Cic., *De fin.*, I, 27, 71 ss. = fr. 227 Us.

peuvent être sciences vraies et qui, même si elles étaient vraies, ne nous aideraient en rien à vivre plus heureux, c'est-à-dire à vivre mieux ? Et, poursuivant ces arts, faut-il abandonner l'art si important, si laborieux et, néanmoins, si fructueux de vivre ? Ne disons donc pas Épicure ignorant, mais disons fols les gens qui croient devoir poursuivre jusqu'à la vieillesse les études qu'il eût été honteux pour eux de n'avoir pas faites dans le premier âge. »

En second lieu, s'il reste, pour le sage, un certain nombre d'études indispensables, celles-ci pourtant ne constituent pas elles-mêmes la sagesse : elles ne font qu'y préparer, en supprimant les obstacles qui empêchent d'atteindre au bonheur. C'est le cas de la physique, et de la canonique qui en dépend. Les textes sur ce point sont parfaitement explicites : « Si nous n'étions aucunement tourmentés par nos soupçons à l'égard des phénomènes célestes (1) ou au sujet de la mort, dans la crainte où nous sommes qu'elle ne soit quelque chose pour nous (2), et en outre par notre impuissance à concevoir les limites des souffrances et des désirs, nous n'aurions pas besoin de l'étude de la nature (φυσιολογία) » (k. d. XI). « On ne peut se libérer de la crainte à propos des

---

(1) αἱ τῶν μετεώρων ὑποψίαι, k. d., XI, cf. ὑποπτευόμενόν τι τῶν κατὰ τοὺς μύθους, k. d., XII, τῶν ἄνωθεν ὑπόπτων καθεστώτων, k. d., XIII. Aussi longtemps que la φυσιολογία ne nous a pas apporté la certitude touchant les phénomènes célestes, nous sommes réduits à les tenir pour les effets de l'action arbitraire des dieux : d'où les craintes et les « soupçons » que nous inspirent ces phénomènes. L'ὑποψία s'oppose à l'ἀσφάλεια, cf. k. d., XIII, Gn. V., XXXI πρὸς μὲν τἆλλα δυνατὸν ἀσφάλειαν πορίσασθαι, ou, plus exactement encore, à la πίστις βέβαιος, Ep., II, 85,

(2) μή ποτε πρὸς ἡμᾶς ᾖ τι : expression typique, cf. k. d., II ὁ θάνατος οὐδὲν πρὸς ἡμᾶς.

choses les plus essentielles si l'on ne sait pas exactement quelle est la nature de l'Univers, mais qu'on attribue quelque soupçon de vérité aux récits mythologiques. En sorte que, sans l'étude de la nature, il n'est pas possible d'obtenir nos plaisirs à l'état pur » (*k. d.* XII). « Il ne sert à rien de se mettre en sécurité du côté des hommes si les choses d'en haut et celles qui sont sous la terre, d'une façon générale tout ce qu'il y a dans l'infini du monde, nous demeurent matière à soupçon » (*k. d.* XIII) (1). « Tout d'abord, il faut bien se persuader que la connaissance des phénomènes célestes, envisagée soit en connexion avec d'autres doctrines soit de façon indépendante, n'a d'autre fin que l'ataraxie et une sûre confiance, comme c'est le but également de toutes autres recherches » (*Ép.*, II, 85 ; cf. *Ép.*, I, 78-82). On peut préciser maintenant en quelle mesure l'étude de la nature est dite partie de la béatitude : « Bien plus, on doit penser que le propre rôle de la science de la nature est de déterminer exactement la cause des choses les plus essentielles (τῶν κυριωτάτων), et que ce qui nous rend heureux dans la connaissance des phénomènes célestes consiste précisément en ce point et dans l'intelligence de la nature des corps qui s'observent en ces phénomènes comme de tous les autres faits susceptibles de cette même connaissance exacte qui importe à notre bonheur (2). »

---

(1) Pour τῶν ἄνωθεν καὶ τῶν ὑπὸ γῆς, cf. PLAT., *Théét.*, 173 *e* ἡ δὲ διάνοια ... πανταχῇ πέτεται κατὰ Πίνδαρον 'τά τε γᾶς ὑπένερθε' καὶ τὰ ἐπίπεδα γεωμετροῦσα, 'οὐρανόν θ' ὕπερ' ἀστρονομοῦσα, HIPPOCR., π. ἀρχ. ἰητρ. 1 (p. 36.18, Heiberg) οἷον περὶ τῶν μετεώρων ἢ τῶν ὑπὸ γῆν.

(2) καὶ τὸ μακάριον ἐν τῇ περὶ μετεώρων γνώσει ἐνταῦθα

Résumons donc. Le bonheur consiste dans l'ataraxie. L'ataraxie a pour conditions premières la limitation des désirs — d'où le détachement des richesses et des honneurs — et la ferme confiance relativement aux dieux, à la souffrance et à la mort. Cette confiance ne peut être obtenue que par l'exacte connaissance de la nature. La science de la nature, qui supprime les raisons de craindre, n'a donc valeur que de propédeutique. A ce titre cependant, elle est indispensable à l'obtention du bonheur.

Mais alors, demandera-t-on, si l'étude de la nature ne constitue pas essentiellement le bonheur, en quoi consiste, de manière spécifique, le bonheur ?

Sans doute, l'absence de peine et de trouble est déjà du plaisir, car il n'y a pas, aux yeux d'Épicure, d'état neutre (1). Cependant, à moins de jouer sur les mots, on ne peut soutenir que cet état négatif (ἀ-πονία, ἀ-ταραξία) remplisse, d'un contenu positif, la notion de béatitude. Aussi bien, l'enseignement et l'exemple même d'Épicure obligent-ils à chercher quelque chose de plus. La lettre à Ménécée exhorte jeunes et vieux à méditer toujours. Le Sage, dans la

---

πεπτωκέναι καὶ ἐν τῷ τίνες φύσεις αἱ θεωρούμεναι κατὰ τὰ μετέωρα ταυτί καὶ ὅσα συγγενῆ πρὸς τὴν εἰς τοῦτο ἀκρίβειαν, *Ep.*, I, 78. Usener exclut à tort ἐν τῇ ... γνώσει comme glose de ἐνταῦθα. Le sens n'est pas : « la félicité consiste en ce point = dans la connaissance des μ. », mais « ce qu'il y a de félicité dans la connaissance des μ. consiste en ce point = dans la détermination exacte de la cause des κυριώτατα ». (Dans le même sens, Bignone, *L'Aristotele perduto*, II, pp. 371-372 et 372, n. 1.) Construire καὶ ἐν τῷ τίνα ὅσα συγγενῆ, avec ellipse de ἐστι après τίνα et ὅσα. Garder (avec Bignone, Bailey) συγγενῆ (συντείνει Usener) et construire ὅσα συγγενῆ πρὸς (« relativement à ») τὴν ἀκρίβειαν εἰς τοῦτο (= εἰς τὸμακάριον).

(1) Bignone, *L'Arist. perd.*, II, pp. 1-40, a bien établi ce point.

souffrance physique, se console par le souvenir des joies passées (fr. 121-122 Us.). Et il va jusqu'à dire, en l'un de ses aphorismes (*Gn. V.* XXVII) : « Dans les autres occupations, c'est à grand peine que le fruit se cueille quand tout l'ouvrage est accompli : mais, dans l'exercice de la sagesse (ἐπὶ δὲ φιλοσοφίας), le plaisir (τὸ τερπνόν) va de pair avec la connaissance. Car on ne jouit pas après avoir appris, c'est tout ensemble qu'on apprend et qu'on jouit. » Tout le débat roule donc sur le sens que nous donnerons à cet « exercice de la sagesse ». Pour les écoles rivales, en particulier celles de Platon et d'Aristote, la philosophie impliquait un long cursus d'études, depuis la rhétorique jusqu'à la science des nombres, des figures, et des corps célestes. Or, nous l'avons vu, Épicure ne cesse pas de proclamer la vanité de ces études. Elles ne servent de rien au bien vivre (1). En outre, les poursuivre, c'est rechercher la louange du vulgaire : il est beau de passer pour savant. « Pour nous, » rétorque-t-il, « laissons les autres, de leur plein gré, nous faire cortège de leur louange : mais notre seule occupation doit être la guérison de nos âmes » (ἡμᾶς δὲ γενέσθαι περὶ τὴν ἡμῶν ἰατρείαν, *Gn. V.* LXIV) (2).

---

(1) Cf. les textes de Sénèque (*Ep.*, 88, 42) et de Philodème (*Voll. Rhett.*, II, pp. 50 ss. Sudhaus), cités par Bignone, *op. cit.*, II, pp. 65 ss., 88 ss. Voir aussi fr. 227 Us.
(2) Cf. *Ep.*, III, 122 οὔτε γὰρ ἄωρος οὐδείς ἐστιν οὔτε πάρωρος πρὸς τὸ κατὰ ψυχὴν ὑγιαῖνον, *Gn. V.*, LIV οὐ προσποιεῖσθαι δεῖ φιλοσοφεῖν, ἀλλ' ὄντως φιλοσοφεῖν· οὐ γὰρ προσδεόμεθα τοῦ δοκεῖν ὑγιαίνειν, ἀλλὰ τοῦ κατ' ἀλήθειαν ὑγιαίνειν. De ces textes résulte l'équation « philosophie = prendre soin de la santé de l'âme ». Après un long détour on revient ainsi à la pure doctrine socratique : ἐπιμελεῖσθαι τῆς ψυχῆς ὅπως ὅτι φρονιμωτάτη καὶ βελτίστη ἔσται, cf. *Apol.* 29 *e* 1 et la note de Burnet, *ad loc.* (Oxford, 1924).

Voilà le grand mot prononcé. La sagesse est vie spirituelle. Et l'exercice de la sagesse est la pratique de cette vie. Or Épicure est trop Grec pour penser que la guérison de l'âme puisse être obtenue dans la solitude. Il y faut un médecin, il faut sentir autour de soi la chaleur de l'amitié, il faut donc que soit constituée cette société idéale d'un maître avec ses disciples. D'autre part, Épicure a conscience qu'il est ce Maître ; et, dès le temps de Mytilène et de Lampsaque, il a vu accourir à lui de jeunes disciples ardemment dévoués. De là vient que l'amitié, à ses yeux, fait partie intégrante de la sagesse. Car l'échange des pensées, le soutien des affections mutuelles ne conduisent plus seulement à se fortifier ensemble dans la poursuite d'une science abstraite, ils sont eux-mêmes la fin : c'est dans ce cœur à cœur que réside la paix de l'âme, qui est la parfaite eudémonie.

Et les propos du Sage sur l'amitié, et sa conduite à l'égard des disciples montrent le rôle éminent de l'amitié épicurienne.

Voyons d'abord les textes.

1) « L'homme bien né s'adonne principalement à la sagesse et à l'amitié : de celles-ci, l'une est un bien mortel, l'autre un bien immortel » (*Gn. V.* LXXVIII) (1).

---

(1) C'est l'amitié qui est le bien immortel, du moins d'après Cicéron, *De fin.*, II, 25, 80 (cité par Bignone, *ad loc.*) : *praecepta quae didicisti... funditus evertunt amicitiam, quamvis eam Epicurus, ut facit, in caelum efferat laudibus.* De même Bailey qui cp. *Ep.*, III, 135.7 οὐθὲν γὰρ ἔοικε θνητῷ ζῴῳ ζῶν ἄνθρωπος ἐν φθανατοῖς ἀγαθοῖς : l'amitié est un bien immortel en ce sens qu'elle confère un bonheur analogue à celui des dieux immortels. *Contra*, Usener, *art. cit.*, p. 305.

2) « De tous les biens que se procure la sagesse pour que la vie soit tout entière bienheureuse, le plus grand de beaucoup est la possession de l'amitié » (*k. d.* XXVII).

3) « L'Amitié mène joyeusement sa ronde autour du monde. Comme un héraut, elle nous lance, à tous, l'appel : 'Réveillez-vous pour vous féliciter les uns les autres' » (*Gn. V.* LII) (1).

---

(1) Garder (avec Bignone, Bailey) Φιλία (φιλοσοφία Hartel, Ἡλίου σφαῖρα ci. Usener) et μακαρισμόν (μακάριον βίον Weil). La phrase est toute pleine de réminiscences du langage propre à la mystique grecque. Sur l'image du héraut (κηρύττουσα) et du réveil (ἐγείρεσθαι), cf. *Corp. Herm.*, I, 26-28, IV, 3-4, VII, et mon article dans *Harv. Th. Rev.*, XXXI (1938), pp. 1 ss. Le μακαρισμός implique l'idée de salut. On félicite les amis d'Epicure d'avoir été sauvés, comme on félicitait, dans les mystères, les nouveaux initiés. Cf. Firm. Mat., *err. pr. r.*, 19, 1 <ἅι >δε νύμφε, χαῖρε νύμφε, χαῖρε νέον φῶς : formule usitée dans les mystères de Mithra (cf. F. Cumont, *CRAI*, 1934, pp. 107-108 ; G. Heuten, éd. du *De err. pr. r.*, Bruxelles, 1938, p. 179 ; F. Cumont-M. Rostovtzeff, *Excav. at Doura Europos*, VII, 1939, p. 123 ; Corn. I. M. I. von Beek, *Pisciculi*, Munster, 1939, p. 42), mais probablement plus ancienne. *Ib.*, 22, 1 (mystères d'Osiris, ou d'Attis, ou d'Adonis) θαρρεῖτε μύσται, τοῦ θεοῦ σεσωσμένου · ἔσται γὰρ ἡμῖν ἐκ πόνων σωτηρία. Apulée, *Metam.*, XI, 22, p. 284.7 Helm (le prêtre à Lucius, le jour de son initiation) *o Luci, te felicem, te beatum, te propitia voluntate numen augustum tantopere dignatur ;... adest tibi dies votis adsiduis exoptatus. Ib.*, XI, 24, p. 286.5 H. *sic ad instar Solis exornato me et in vicem simulacri constituto, repente velis reductis, in aspectum populus errabat* (suit le joyeux banquet du *dies natalis*). Prudence, *Peristeph.* 1046-1048 (mystères d'Attis après le taurobole) *hunc inquinatum talibus contagiis, | tabo recentis sordidum piaculi, | omnes salutant atque adorant eminus.* — Diels (*ad* Philod., *De dis*, I, p. 93, n. 1) a relevé un autre emprunt d'Epicure et des Epicuriens à la langue des mystères, τέλειος et les termes connexes. Cf. *Ep.*, I, 36 ἐπεὶ καὶ τοῦ τετελεσιουργημένου τοῦτο κυριώτατον κτλ., *ib.*, 83 ὅσοι δὲ μὴ παντελῶς αὐτῶν τῶν ἀποτελουμένων (ἀποτετελειωμένων ci. Diels) εἰσίν, ἐκ τούτων κτλ. (*sic* Kochalsky, Diels, von der Muehll), Epic. *ap.* Philod., *De dis*, I, p. 41.10 s. Diels τοῦ δ᾽ἄκρου λέγομεν ἀνθρώπου (sc.

4) « L'amitié doit toujours être recherchée pour elle-même, bien qu'elle tire son origine du besoin d'une aide » (*Gn. V. XXIII*). Cf. *Vita* 120 : « Ce sont les nécessités de la vie qui font naître l'amitié : il faut bien, à coup sûr, poser d'abord les fondations (1) (de fait nous ensemençons la terre < pour récolter >). Néanmoins ce qui forme et maintient l'amitié, c'est la communauté de vie parmi ceux qui ont atteint la plénitude du bonheur (2). »

Epicure) δεῖν ἀκούειν " οὐδὲ τὸν τε[λείως]τέλειον οἱ θεοὶ πάντες ἅμα φοβεῖν γε νομίζονται", PHILOD., *De morte*, 34.10 τῶν μὴ τελείων (en contraste avec Socrate et les autres philosophes martyrs). On pourrait ajouter encore le mot fameux de Métrodore, fr. 37 Körte (*Jahrb. f. class. Phil.*, Suppl. XVII, 1890) = *Gn. V.*, X = Clem. Al., *Strom.*, V, 138, p. 732 P. : μέμνησο,Μενέστρατε, διότι θνητὸς φὺς καὶ λαβὼν βίον ὡρισμένον ἀναβάς (Clem. : ἀνέθης *Gn. V.*) τῇ ψυχῇ ἕως ἐπὶ τὸν αἰῶνα καὶ τὴν ἀπειρίαν τῶν πραγμάτων κατεῖδες καὶ " τά τ'ἐσσόμενα πρό τ'ἐόντα " (HOM., *Il.*, I, 70), où il est fait mention du thème de l'ascension de l'âme. Si la suite, dans Clément, est bien aussi de Métrodore (*sic* ZELLER, III, 1, p. 456, n. 1, R. M. JONES, *Class. Philol.*, XXI, 1926, p. 113), on l'y verrait utiliser à plein la langue des mystères :ὅτε σὺν εὐδαίμονι χορῷ, κατὰ τὸν Πλάτωνα, μακαρίαν ὄψιν τε καὶ θέαν ἐποπτεύσομεν (ἐπωπτεύσαμεν Jones qui cp. PLAT., *Phèdre*, 249 c 2 ἅ ποτ'εἶδεν ἡμῶν ἡ ψυχή), ... τελετήν ... μακαριωτάτην τελούμενοι (cf. *Phèdre*, 249 c 8 τελέους ἀεὶ τελετὰς τελούμενος) ; mais il n'est pas sûr que la citation de Métrodose dépasse πρό τ'ἐόντα, et, même en ce cas, il n'y aurait là qu'un souvenir platonicien. Noter aussi Métrod. fr. 38 = PLUT., *adv. Col.*, 17, p. 1117 A : ποιήσωμέν τι καλόν ἐπὶ καλοῖς, μόνον οὐ καταδύντες ταῖς ὁμοιοπαθείαις (après nous être presque abîmés dans des émotions communes) καὶ ἀπαλλαγέντες ἐκ τοῦ χαμὰ βίου εἰς τὰ 'Επικούρου ὡς ἀληθῶς θεόφαντα ὄργια.

(1) δεῖ μέντοι προκατάρχεσθαι. Il y a quelque impatience dans ce μέντοι. Sans doute reprochait-on à Epicure de donner à l'amitié une base trop utilitaire, comme on le blâmait de réduire l'eudémonie à une ἡδονή dont on méconnaissait le vrai sens.

(2) ἐν τοῖς ταῖς ἡδοναῖς ἐκπεπληρωμ<ένοις> Bignone ἐκπεπληρῶν codd.

5) « Ce qui nous aide dans l'amitié n'est pas tant l'aide que nous donnent les amis que notre confiance dans cette aide » (*Gn. V.* XXXIV).

6) « Ni celui qui recherche continuellement son intérêt n'est ami, ni celui qui jamais n'associe l'intérêt à l'amitié : car l'un trafique de ses faveurs pour en tirer bénéfice, l'autre coupe à la racine tout bon espoir pour l'avenir » (*Gn. V.* XXXIX) (1).

7) « Le même jugement qui nous fait avoir confiance qu'aucun mal ne dure éternellement ni même un long temps perçoit aussi que la solidité inébranlable de l'amitié réside surtout dans cette limitation des maux de la vie » (*k. d.* XXVIII) (2).

8) « Trop de précipitation ou trop de lenteur à nouer une amitié est également blâmable, mais il faut être prêt, pour sauver l'amitié à courir même des risques » (*Gn. V.* XXVIII : cf. fr. 546 Us.) (3).

---

(1) USENER, *art. cit.*, p. 306, traduit mal, ce me semble, οὔθ' ὁ μηδέποτε συνάπτων = « noch wer Verpflichtungen meidet ». Épicure n'oppose pas celui qui ne cherche que son intérêt et celui qui ne songe jamais à l'intérêt de son ami, car ces deux attitudes sont, au vrai, la même. Mais il oppose l'amitié tout intéressée à l'amitié toute désintéressée : la seconde n'est pas moins blâmable, car l'amitié implique qu'on puisse compter sur ses amis. On rejoint ainsi la pensée de *Gn. V.*, XXIII et XXIV.

(2) L'ami ne pourrait être conduit à trahir que par la crainte de la mort ou d'un mal à durée éternelle ou très longue : mais, s'il n'existe pas de mal pareil, l'ami ne trahira jamais. L'amitié est donc parfaitement sûre. BIGNONE (*Epicuro*, pp. 21-23, 64, n. 6) et BAILEY, *ad loc.*, ont bien vu ce point. Garder τὴν... ἀσφάλειαν φιλίας (φιλίαις Usener, φιλίᾳ alii). Cf. *Vita*, 120 *a* 3 Bailey : le Sage τύχῃ τε ἀντιτάξεσθαι, φίλον τε οὐδένα προήσεσθαι <καὶ ὑπὲρ φίλου ποτὲ τεθνήξεσθαι>. Il me paraît évident que ces derniers mots, hors de place dans Diogène Laërce (où ils suivent une phrase sur le comportement du sage dans le sommeil, 121 *b* 9 Bailey), doivent être transportés où je les ai mis.

(3) δεῖ δὲ καὶ παρακινδυνεῦσαι χάριν χάριν φιλίας Vat. est

9) « Le sage ne souffre pas plus quand il est lui-même torturé que quand il voit son ami soumis à la torture » (*Gn. V.* LVI).

10) « Portons le deuil de nos amis non pas en nous lamentant, mais en gardant leur souvenir dans nos cœurs » (*Gn. V.* LXVI) (1).

11) « Elle est bien belle aussi, la vue de ceux qui nous sont proches et chers, quand aux liens du sang s'ajoute l'union des cœurs : car une telle vue nous porte grandement aux confidences » (*Gn. V.* LXI) (2).

évidemment une dittographie, et il ne sert de rien d'invoquer, avec BIGNONE (*L'Art. perd.*, II, p. 300, n. 1), *Gn. V.*, IX κακὸν ἀνάγκη, ἀλλ' οὐδεμία ἀνάγκη ζῆν μετὰ ἀνάγκης, car, si cette sentence, jolie bien qu'un peu précieuse, offre un sens, παρακινδυνεῦσαι χάριν, χάριν φιλίας n'en offre aucun.

(1) Cf. *k. d.*, XL : « Ceux qui ont le pouvoir de se mettre complètement en sécurité du côté de leurs voisins (ἐκ τῶν ὁμορούντων. BIGNONE, *L'Ar. perd.* II, p. 193, l'entend au neutre = « des circonstances extérieures » et cf. *Ep.*, II, 109.12 τὰ ὁμοροῦντα. Le même garde l'orthographe des mss. ὁμορρούντων en raison de *Syll.*³ 1044.16 [Halicarnasse]), ceux-là aussi mènent entre eux la vie la plus agréable, puisqu'ils possèdent la garantie la plus solide pour l'avenir ; et, bien qu'ils aient goûté à une intimité totale, si leur ami meurt avant eux (ou « avant le « temps » = προκαταστροφήν, « mort prématurée » Bignone, Ernout, Bailey. Je préfère cependant l'autre nuance), ils ne gémissent pas sur lui comme s'ils plaignaient son destin. » Voir aussi fr. 186 Us. τῶν ἐσχάτων Νεοκλέους λόγων μεμνημένος ἐτήκετο τῇ μετὰ δακρύων ἰδιοτρόπῳ ἡδονῇ et là-dessus BIGNONE, *L'Ar. perd.*, II, pp. 191 ss.

(2) J'ai quelque peu explicité le sens de cette maxime qui, détachée d'un morceau plus complet sur l'amitié, demeure imprécise : καλλίστη καὶ ἡ τῶν πλησίον ὄψις, τῆς πρώτης συγγενείας ὁμονοούσης, ἡ [εἰς, secl. Bailey] πολλὴν εἰς τοῦτο ποιουμένη σπουδήν. L'amitié véritable ne se fonde pas sur les liens du sang. Mais, si la parenté naturelle se double d'une parenté d'âme, la vue de nos proches nous porte « à cela » (εἰς τοῦτο), c'est-à-dire sans doute à une union plus intime encore. Sur les incitements de l'ὄψις, Bailey cite *Gn. V.*, XVIII ἀφαιρουμένης προσόψεως καὶ ὁμιλίας καὶ συνανατροφῆς ἐκλύεται

De ces textes (1), les n°s 1-3 marquent l'excellence de l'amitié, les n°s 4-6 en définissent la nature, les n°s 7-10 montrent combien la véritable amitié est solide et jusqu'où elle doit aller. Mais que signifie, dans l'ensemble, l'amitié épicurienne ? Ici encore, il faut noter qu'elle est un signe de l'époque, et c'est l'intelligence des besoins de l'époque qui nous en fera pénétrer la vraie nature.

La fin du ive siècle est un temps de grand désarroi moral. D'une part, la cité ayant perdu le libre exercice de son autonomie, le cadre civique, dont on a pu dire qu'il avait la rigidité d'une Église, a moins de force pour maintenir, diriger, fortifier au besoin l'individu ; en outre, le lien familial n'est plus aussi solide en Grèce qu'il n'était auparavant. D'autre part, ces cadres se sont relâchés à un moment où une analyse, extrêmement poussée déjà, de toutes les nuances de la pensée et du sentiment (2) avait conduit à une civilisation très raffinée qui ne pouvait que rendre la

---

τὸ ἐρωτικὸν πάθος : voir aussi le mot d'Epicure à Pythoclès (fr. 165 Us.) cité *infra*, p. 65. Epicure aimait tendrement ses trois frères (ἥ τε πρὸς τοὺς γονέας εὐχαριστία καὶ ἡ πρὸς τοὺς ἀδελφοὺς εὐποιία *Vita* 10), qui, sur ses conseils, s'adonnèrent avec lui à la sagesse (συνεφιλοσόφουν δ'αὐτῷ προτρεψαμένῳ καὶ οἱ ἀδελφοὶ τρεῖς ὄντες *Vita* 3). Cf. aussi Usener, *Épic.*, s. v. Νεοκλῆς.

(1) Auxquels on en pourrait ajouter d'autres, tirés de l'école épicurienne, ainsi Philod., *De dis*, III, p. 15, col. *c*, fr. 84 Diels : chez les dieux aussi l'amitié existe, sans quoi leur béatitude ne serait pas complète (οὐκ ἂν ἦσαν τέλειοι κατ' εὐδαιμονίαν), cf. le commentaire de Diels, *Erläuterung*, pp. 6 ss.

(2) Cf. par exemple l'analyse du plaisir et de la douleur dans le *Philèbe*, la description de certaines vertus morales (surtout l. IV) et de l'amitié (l. VIII-IX), dans l'*Ethique Nicomachéenne*, et, pour Epicure, certaines des maximes sur la genèse et la nature de l'amitié.

conscience plus délicate et, partant, plus inquiète.
L'homme n'est plus soutenu, il se sent seul ; et cet
homme est la proie de scrupules, de remords, de
troubles de l'âme qu'il ressent avec plus d'acuité
qu'il ne faisait autrefois (1). L'heure vient donc où
l'on aura besoin de direction morale, où le sage sera,
essentiellement, un directeur d'âmes (2). Or Épicure
était parfaitement préparé à cette tâche. Nul n'a
souffert plus que lui des bouleversements politiques
de l'époque. A l'âge de dix-neuf ans, il est chassé de
sa maison, obligé de vivre en exil et d'y gagner péni-
blement son pain. Il lui a fallu, sans maître, se créer
une sagesse. Tous les hommes aspirent au bonheur,
et cette aspiration universelle est constamment mise
en échec. D'où vient cela ? Ne serait-ce pas que,
jusqu'ici, on s'est fait une fausse idée du bonheur ?
Par la doctrine de l'ataraxie, Épicure a résolu pour
lui-même le problème. Il a trouvé le salut. Il veut

---

(1) Cf. par exemple les remords de Charisius quand il s'aper-
çoit qu'ayant chassé sa femme pour inconduite, il est exactement
aussi coupable qu'elle, MÉNANDRE, *Epitrep.*, 693 (413) ss. Le
morceau est d'autant plus intéressant que Charisius a passé
par les écoles de sagesse : « Moi l'impeccable, tout préoccupé de
l'opinion, *moi qui recherchais avec ardeur ce qu'est le bien, ce
qu'est le mal*, moi, le sage intègre, sans reproche..., voici qu'il apparaît maintenant que je suis un homme comme les autres, etc. »
(tr. Lefebvre). D'une façon générale, les comédies de Ménandre
sont un bon témoin de la délicatesse des sentiments à cette
époque.
(2) Ce n'est pas la première fois sans doute, cf. mon *Socrate*
(Paris, 1934), *Contemplation... selon Platon*, pp. 69-73, et Ed.
DES PLACES, *Socrate directeur de conscience*, ap. *REG*, LI (1938),
pp. 395-402, mais on ne peut dire que, jusqu'à Épicure et aux
Stoïciens, cette conception du sage fût généralisée. Sur le sage
« directeur d'âmes » à l'époque romaine, cf. *Idéal*, pp. 73, n. 2 ;
74, n. 1 et 2.

donc se constituer aussi le sauveur des hommes (1), et singulièrement des jeunes gens.

Ceux-ci, de fait, accourent à lui. L'adolescence est l'âge des grandes crises de l'âme, et nous avons assez de preuves que les jeunes Grecs ressemblaient sur ce point à leurs pareils en tous les temps. Mais il est curieux d'observer combien les témoignages se multiplient au début de l'ère hellénistique (2). C'est Polémon qui, entrant ivre dans la salle où Xénocrate traite de la tempérance, est « captivé » (3) par cet enseignement et se donne corps et âme à la philosophie (4). C'est Métroclès qui, voulant se laisser mourir à la suite d'une incongruité (5), reçoit, dans la maison où il s'est enfermé, la visite de Cratès (6), qui le réconforte et le gagne définitivement à la sagesse. C'est le jeune homme dont un poète comique, peut-être Ménandre, décrit ainsi la conversion : « Me voici seul, il n'y aura là personne pour entendre ce que je vais dire. Croyez-moi, mes amis, tout le temps que j'ai vécu jusqu'ici a été plutôt mort que vie. Entre ce

---

(1) Cf. *Idéal*, p. 74, n. 2. Epicure est dit σωτήρ encore dans la lettre de Plotine (femme de Trajan) aux Epicuriens d'Athènes en 121, *Syll.*³, 834.20 (cf. Diels, *Arch. Gesch. Phil.*, IV, 1891, pp. 486 ss.). Voir aussi Philod. *ap.* Pap. Herc., 346, 4, 19 ὑμνεῖν καὶ τὸν σωτῆρα τὸν ἡμέτερον (cf. Crönert, *Rh. Mus.*, LVI, 1901, p. 625), Luc., *Alex.*, 25, 61.
(2) Cf. le joli article de A. D. Nock, *Conversion and Adolescence*, ap. *Pisciculi*, pp. 165 ss.
(3) ἐθηράθη, cf. Nock, *l. c.*, n. 11, 12, 13.
(4) Diog. La., IV, 16. Selon Wilamowitz, *Antigonos von Karystos*, pp. 55-56, cette légende ne remonterait pas à Antigonos mais à un auteur inconnu.
(5) ὥστε ποτὲ μελετῶν καὶ μεταξύ πως ἀποπαρδών, Diog. La., VI, 94.
(6) Cratès le Cynique (IVᵉ s.), non Cratès l'Académicien, successeur de Polémon (à la tête de l'Académie), en 270.

qui est beau, bien, saint et ce qui est mal, je ne faisais absolument aucune différence : si grandes étaient les ténèbres qui, depuis longtemps, pesaient sur mon intelligence, me cachant toutes ces vérités et les offusquant à mes yeux ! Mais voici qu'étant arrivé ici (à Athènes), je suis revenu à la vie pour le reste de mes jours, comme si j'avais fait incubation au temple d'Asclépios et qu'il m'eût sauvé : je marche, je parle, j'ai retrouvé l'usage de ma pensée. Ce soleil si grand et si beau, c'est maintenant, mes amis, que je l'ai découvert pour la première fois ; pour la première fois aujourd'hui, je vous vois dans une lumière pure, vous, et ce ciel, cette acropole, ce théâtre (1). »

Telle est, si je puis dire, l'atmosphère spirituelle où nous devons replacer Épicure pour comprendre la vraie portée de son action. Lui aussi, il est avant tout un médecin de l'âme. A vrai dire, comme Usener l'a montré (2), plusieurs des *Sentences Maîtresses* et un très grand nombre des maximes éparses dans les fragments ont été extraites de lettres de direction, et c'est donc de tout le corpus de la sagesse épicurienne qu'on devrait ici faire état. Néanmoins quelques exemples sont plus caractéristiques.

On a vu plus haut Épicure rassurant, en même temps qu'il l'avertit, un adolescent tourmenté de troubles charnels (3). Dans une autre lettre, à laquelle

---

(1) Cf. R. Herzog, *Philol.*, LXXXIX (1934), pp. 185-196.
(2) *Epicurea*, p. xlvi ; *Kl. Schr.*, I, pp. 308-311. Usener note en particulier (avec plus ou moins de certitude), *k. d.*, XXV, XXVIII, *Gn. V.*, XVI, XVIII, XXVI, XLI, XLIII, LI, LIII, LV, LXII, LXIII, LXV, LXVI, LXXI, LXXIII, LXXIV, LXXX. Ajouter *k. d.*, XXIII-XXIV vu la forme directe de l'adresse.
(3) *Gn. V.*, LI, cf. *supra*, p. 40. Cf. *Gn. V.*, LXXX : « Le pre-

Philodème fait allusion, il adresse de vifs reproches, nous ne savons pourquoi, au jeune Apollonidès (1). Il n'est pas jusqu'à un petit garçon auquel il ne recommande « d'être sage » (2) : « Nous voici arrivés à Lampsaque sains et saufs, moi et Pythoclès, Hermarque et Ctésippe, et nous avons trouvé là Thémista (3) et les autres amis en bonne santé. J'espère que vous allez bien vous aussi, toi et ta maman, et que tu es toujours bien obéissant à papa et à Matrôn, comme auparavant. Sois en sûr, (.)apia, nous t'aimons tendrement, moi et les autres, parce que tu leur obéis en toutes choses. » σε μέγα φιλοῦμεν. Cette tendresse d'Épicure pour ses jeunes disciples transparaît encore en quelques billets. A Pythoclès, resplendissant de jeunesse et de beauté (ὡραῖον ὄντα, *Vita* 5) (4), il écrit : « Je veux m'installer tout à l'aise pour attendre ta chère et divine présence »

---

mier degré du *salut* (πρώτη σωτηρίας μοῖρα) est de veiller sur sa propre jeunesse et de se garder de tout ce qui nous souille dans les désirs brûlants de la chair. »

(1) καθὰ καὶ ὁ Ἐπίκουρος [πικ]ρὰς [μέμψεις] πρὸς Ἀπ[ολλ]- ωνίδην ἐ[πό]ησεν, ὥστε καὶ τοι[αῦτ' αἰτι]ώμε[νος] ... οἰκειῶσαι, fr. 118 Us. Sur ce texte, cf. la courte note de K. SUDHAUS, *Epikur als Beichtvater*, ARW, XIV (1911), pp. 647-648.

(2) Fr. 176 Us., cf. VOGLIANO, pp. 49 et 116. Garder, avec Vogliano, le vocatif (.)ΑΠΙΑ (ἡ αἰτία Usener). Mais, en ce cas, je songerais plutôt à un petit garçon (nom du type Νικίας, etc.), vu la recommandation d'obéir *au père* et à Matrôn, qui doit être sans doute le παιδαγωγός (comme Polyainos pour Pythoclès) et fait d'ailleurs partie du cercle d'Epicure, cf. fr. 99 Us.

(3) Hermarque est de Mytilène, Ctésippe peut-être de Mytilène ou de Lampsaque, Thémista est l'épouse de Léonteus de Lampsaque. Pythoclès peut être soit d'Athènes où le nom est fort commun, soit de Lampsaque où le nom se rencontre ; son pédagogue Polyainós est de Lampsaque : cf. *supra*, p. 28 et n. 1.

(4) Il n'avait pas dix-huit ans quand il vint au maître, Πυθοκλέους οὔπω γεγονότος ὀκτωκαίδεκα ἔτη, PLUT., *adv. Colot.* 29, p. 1124 c (fr. 161 Us.).

(fr. 165 Us.). Ailleurs (fr. 161 *a*, p. 346.16 Us.), il le compare à la (Bonne) Fortune dont les visites inopinées sont un délicieux bienfait. Il confie cet adolescent à la garde de Polyainos et veille à ce qu'Idoménée ne lui donne point trop d'argent : « Si tu veux rendre Pythoclès riche, ne fais pas d'addition à ses ressources, mais fais une soustraction à ses désirs (1). » Il veille de même, nous l'avons vu, à ce qu'on prenne soin, après sa mort, du fils et de la fille de Métrodore, et du fils de Polyainos (*Vila* 19-20). Faut-il s'étonner que ces adolescents aient répondu à son affection ? Le cas le plus typique est sans doute celui de Colotès. C'était un des disciples qui, dès la première heure, à Lampsaque, s'étaient groupés autour du maître. Une amitié très intime le reliait à Épicure, qui volontiers usait à son endroit de diminutifs : Κωλωτάρας, Κωλωτάριον (2). Or, un jour qu'Épicure dissertait sur la nature (φυσιολογοῦντος), Colotès, soudain,

---

(1) Fr. 135 Us. εἰ βούλει πλούσιον Πυθοκλέα ποιῆσαι, μὴ χρημάτων προστίθει, τῆς δὲ ἐπιθυμίας ἀφαίρει. Si l'on garde χρημάτων bien attesté et d'ailleurs recommandé par l'antithèse des deux génitifs, il faut le tenir, avec Bailey, pour un gén. partitif (<τῶν> χρημάτων serait plus correct), cf. προκόπτειν τινὶ τῆς ἀρχῆς Thuc., IV, 60, ἐπιταχύνειν τῆς ὁδοῦ τοὺς σχολαίτερον προσιόντας, Id., IV, 47. L'opposition προστιθέναι ∼ ἀφαιρεῖν est tout à fait commune, Arist., *Eth. Nic.*, II, 4, 1106 *b* 11 τοῖς εὖ ἔχουσιν ἔργοις οὔτ' ἀφελεῖν ἔστιν οὔτε προσθεῖναι, Plat., *Crat.*, 432 *a* ἐάν τι ἀφέλωμεν ἢ προσθῶμεν, Thuc., V, 21 (traité entre Athènes et Lacédémone) ἢν δέ τι δοκῇ ... προσθεῖναι καὶ ἀφελεῖν περὶ τῆς ξυμμαχίας. Pour l'emploi absolu des deux verbes, cf. Arist., *Rhet.*, I, 4, 1359 *b* 28 οὐ γὰρ μόνον πρὸς τὰ ὑπάρχοντα προστιθέντες πλουσιώτεροι γίνονται, ἀλλὰ καὶ ἀφαιροῦντες τῶν δαπανημάτων, qui offre au surplus un parallèle quant à l'idée.

(2) Fr. 140 *a*, p. 346.2 Us. Cratès le Cynique donnait de même à son disciple Zénon le nom familier de « Phoinikidion », cf. Diog. La., VII, 3.

tomba à ses genoux : « Dans ta vénération pour ce que je disais alors, tu fus pris du désir, peu conforme à notre philosophie de la nature (ἀφυσιολόγητον) (1), de m'embrasser en t'attachant à mes genoux et de me donner tous ces baisements (2) dont certains ont coutume d'user dans leurs dévotions et leurs prières. Me voilà donc forcé de te rendre les mêmes honneurs sacrés et les mêmes marques de révérence... Va donc ton chemin en dieu immortel et tiens nous pour immortels aussi » (fr. 141 Us.). Comme l'Apollodore du cercle socratique (3), Colotès était de ces natures qui ont besoin d'extérioriser leurs sentiments. Épicure, pour lui, est un dieu ; il le salue comme tel : « Que tu paraisses, Titan, et tout se révèle ténèbres (4). » Le maître en souriait — la note de blâme est manifeste dans ἀφυσιολόγητον et l'ironie perce dans la fin du billet —, mais il ne laissait pas de comprendre cette ferveur juvénile. Il savait qu'un

---

(1) Il y a ici chez Plutarque un jeu de mots qui devait se trouver déjà dans la lettre d'Epicure. Celui-ci ne dédaignait pas ces jeux, v. g. *Gn. V.*, XXXIV οὐχ οὕτως χρείαν ἔχομεν τῆς χρείας παρὰ τῶν φίλων ὡς τῆς πίστεως τῆς περὶ τῆς χρείας.

(2) καὶ πάσης τῆς ... ἐπιλήψεως. « Actes d'hommage », comme on traduit généralement (Bignone, Bailey), est beaucoup trop faible. ἐπίληψις désigne l'acte par lequel on se saisit d'un membre de l'être adoré pour le baiser : geste concret, visible encore dans les pays du Midi.

(3) Cf. XÉNOPH., *Apol.*, 28 ἐπιθυμητὴς μὲν ... ἰσχυρῶς αὐτοῦ (sc. Socrate), ἄλλως δ'εὐήθης. Cf. BURNET *ad* Plat., *Apol.*, 34 *a* 2 ; KIRCHNER, *Pros. Att.*, 1453 et *P. W.*, I, 2849, n° 15.

(4) ἢ πάρει, Τιτάν, τὰ σκό[τη πά]ντα [ἐκ]δηλῶν, p. 145 *adn.*, *ad. l.* 4 Usener. Τιτάν est une des épithètes du Soleil, *Hymn. orph.*, VIII, 2 Τιτὰν χρυσαυγής, ὑπερίων, οὐράνιον φῶς, TIB., III, *Pan. Mess.*, 51, 114, 158. Sur Epicure = Soleil, cf. LUCR., III, 1042 ss. : *ipse Epicurus obit decurso lumine vitae,* | *qui genus humanum ingenio superavit et omnis* | *restinxit, stellas exortus ut aetherius sol* et *Idéal*, p. 74, n. 2.

des plus profonds besoins de l'adolescence est de trouver un guide dont la parole et l'exemple fassent loi, et qu'il n'est pas de joie meilleure, à cet âge, que de s'enthousiasmer pour un maître : « La vénération à l'égard d'un sage est un grand bien pour ceux qui le vénèrent » (*Gn. V.* XXXII). Lui-même ne comparait-il pas le sage à un dieu au milieu des hommes (1) ? Or la vie qu'il menait, le caractère parfaitement assuré de sa doctrine, son immuable constance dans tous les coups du sort donnaient l'impression qu'il était plus qu'un homme : « La vie d'Épicure, si on la compare à celle des autres hommes pour la gentillesse des mœurs et l'indépendance à l'égard des besoins, pourrait sembler une légende » (*Gn. V.* XXXVI). Ainsi parlait-on dans la première génération des disciples (2). Et, longtemps après, Lucrèce fait encore écho à cette louange (V, 8 ss.) : « Ce fut un dieu ! Oui, Memmius, un dieu seul a pu trouver le premier cette voie de vie qu'on nomme aujourd'hui Sagesse (3). »

Nous voilà mieux à même de comprendre ce que représentait, dans l'École, l'amitié qui liait le maître et les disciples et ces disciples entre eux. A l'abri du monde et des tempêtes de la Fortune (4), ce petit

---

(1) ζήσεις δὲ ὡς θεὸς ἐν ἀνθρώποις, *Ep.*, III, 135, cf. *Gn. V.*, XXXIII.
(2) Cf. Usener, *Kl. Schr.*, I, p. 309.
(3) Cf. Cic., *Tusc.*, I, 21, 48 *quae quidem cogitans soleo saepe mirari non nullorum insolentiam philosophorum, qui naturae cognitionem admirantur eiusque inventori et principi gratias exsultantes agunt eumque venerantur ut deum*, Plin., *n. h.*, XXX, 5, *Epicurios vultus per cubicula gestant ac circumferunt secum*, Cic., *de fin.*, V, 1, 3 *(Epicuri) imaginem non modo in tabulis nostri familiares sed etiam in poculis et in anulis habent.*
(4) L'image est chère aux Épicuriens (v. gr. Lucr., V. 11) et d'ailleurs courante à l'époque hellénistique, cf. *Idéal*, p. 124, n. 3.

groupe avait le sentiment d'avoir atteint le port. On se tenait blottis ensemble, sous la protection du Sage, dont les paroles étaient reçues comme des oracles. Il n'y avait plus à douter, à remettre en question tous les problèmes : Épicure les avait résolus une fois pour toutes. Il suffisait de croire, d'obéir, de s'entr'aimer : « Ô voie bien découverte, et simple, et toute droite ! (1) » Puisqu'il ne restait d'autre soin que de tâcher à mieux comprendre ce que le maître avait dit, l'amitié n'était pas seulement, comme en d'autres écoles, un stimulant au cours de la recherche : elle devenait l'occupation première des élus. Chacun devait tendre à créer l'atmosphère où s'épanouissaient les cœurs. Il s'agissait avant tout d'être heureux, et l'affection mutuelle, la confiance avec laquelle on se reposait l'un dans l'autre contribuaient plus que tout au bonheur. Et, sans doute, le cercle d'Épicure ne devait-il pas échapper aux défauts habituels aux coteries. On s'y tenait pour supérieurs aux autres hommes, l'esprit d'adulation régnait (2). Mais il semble que l'amitié épicurienne soit restée le principal attrait de l'École jusque fort avant sous l'Empire. Diogène d'Œnoanda et Lucien (3), au IIe siècle, témoignent de la solidité de la secte. Comme celle-ci ne pouvait guère se prévaloir de la physique du maître, on doit conjecturer que son mérite résidait ailleurs. Bien plutôt qu'une doctrine, l'épicurisme était un esprit : un esprit qui s'incarnait en d'étroites

(1) *O apertam et simplicem et directam viam*, Cic., *de fin.*, I, 18, 57.
(2) ἀφθάρτους καὶ ἰσοθέους ἀποκαλοῦντες αὐτούς, Plut., *c. Ep. beat.*, 7, p. 1091 *b*.
(3) *Alexandre*, 25, 61.

confréries où l’on gardait scrupuleusement la parole du Sage et faisait profession d’amitié. Dans un monde où les cadres civiques et familiaux tendaient à disparaître, Épicure avait su fonder une nouvelle famille. Ne doutons pas que ce ne fût là le secret de son long prestige.

CHAPITRE IV

LA RELIGION D'ÉPICURE

Dès qu'on a cru, en Grèce, à l'existence des dieux — et cette croyance paraît remonter à un passé insondable, — on s'est persuadé aussi que les dieux règlent les affaires humaines. Ces deux aspects de la foi sont connexes : car précisément la foi en l'existence de puissances supérieures, dont il faut se concilier les bonnes grâces ou détourner la colère, est née de l'observation, mille fois répétée, que la plupart de nos actes n'atteignent pas leur but, qu'il reste presque nécessairement une marge entre nos desseins les mieux conçus et leur accomplissement, et qu'ainsi nous demeurons toujours dans l'incertitude, mère de l'espérance et de la crainte. Par la même loi psychologique, les conjectures humaines sur les dispositions des dieux variaient selon qu'on se trouvait dans la prospérité ou l'infortune. Quand nos projets réussissent, nous croyons volontiers que les dieux s'occupent de nous, qu'ils sont bons et qu'ils nous aiment ; dans l'échec en revanche, nous nous figurons que les dieux sont loin, indifférents ou hostiles. Sur ce point la religion grecque n'a point différé des autres. Car c'est là un des sentiments les plus profondément enracinés au cœur de l'homme : on le retrouve, pareil, chez tous les peuples, dans tous les temps.

S'il était besoin de montrer la force de ces croyances en Grèce même, il n'y aurait qu'à puiser dans la littérature depuis Homère (1). N'en citons qu'un exemple, exactement contemporain d'Épicure. Lorsqu'en septembre 290 Démétrios Poliorcète et sa nouvelle épouse Lanassa (2) firent, comme dieux épiphanes (Démétrios et Déméter) leur entrée solennelle à Athènes (3), la cité institua un concours de péans en l'honneur du couple divin. Or voici ce que nous lisons dans le péan d'Hermoclès, qui remporta le prix (4) : « Quant à lui (Démétrios), il paraît avec un visage bienveillant (ἱλαρός), comme il convient à un dieu, et il est beau et tout joyeux... Les autres dieux sont loin, ou n'ont point d'oreilles, ou n'existent pas, ou ne font pas la moindre attention à nous : mais toi, nous te voyons face à face, non de bois, ni de pierre, mais bien réel et véritable (5). » Quoi de plus clair ? Si les anciens dieux sont laissés de côté, c'est qu'ils ne s'occupent plus des affaires d'Athènes. Et si l'on croit qu'ils ne s'occupent plus des affaires d'Athènes, c'est parce qu'Athènes, depuis cinquante

---

(1) Cf. *La Sainteté*, ch. II, *Le Héros grec*, en particulier pp. 58 ss.
(2) Fille d'Agathocle de Syracuse ; épouse, en premières noces, de Pyrrhus.
(3) Cf. l'entrée à Athènes de Pisistrate accompagné d'une belle jeune femme déguisée en Athèna, Aristote, *Const. d'Athènes*, XIV, 4.
(4) Cf. J. U. Powell, *Collectanea Alexandrina*, p. 173. Sur ces événements, cf. W. W. Tarn, *Antigonos Gonatas* (Oxford, 1913), p. 49, W. S. Ferguson, *Hellenistic Athens* (Londres, 1911), p. 143.
(5) Le jeu de mots οὐδὲ λίθινον, ἀλλ' ἀληθινόν ne se peut rendre en français. Noter l'iotacisme.

ans (Chéronée 338), vit sous la domination étrangère.
Les dieux d'Athènes sont loin, ou n'ont pas d'oreilles :
ou même, puisqu'ils n'agissent plus, ils n'existent
pas. Démétrios au contraire paraît en vainqueur
souriant : c'est lui le dieu. Des vocables traditionnels
manifestent combien il est usuel d'associer ainsi l'être
des dieux à leur agir. On ne peut réussir qu' « avec les
dieux » (σὺν θεῷ), on n'obtient rien sans eux (οὐ
θεῶν ἄτερ) (1). Ces expressions étaient si courantes
que, dans ses lettres familières, Épicure ne se faisait
pas scrupule de les employer. Sous l'archonte Charinos (308/7), il écrit à un ami : « Quand même nous
aurions la guerre (2), elle ne nous apportera rien de
terrible si les dieux sont favorables (θεῶν εἴλεων
ὄντων) », et encore : « Grâce aux dieux (θ. εἴλ.
ὄντων), j'ai mené et compte mener une vie pure (3)
dans la compagnie du seul Matrôn » (fr. 99 Us.).

Aussi longtemps qu'on rapportait aux dieux tout
le gouvernement des choses terrestres, on ne pouvait
que vivre en une perpétuelle inquiétude. Théophraste
en donne un bon exemple dans le portrait, à peine
forcé, de son *déisidaimôn* (4), c'est-à-dire non pas du

---

(1) Cf. *Idéal*, pp. 24-25 avec les notes.
(2) Epicure étant alors installé à Lampsaque, et cette ville
dépendant d'Antigone (qui dominait sur la plus grande partie
de l'Asie Mineure), la guerre mentionnée ici est sans doute celle
qu'Antigone préparait à ce moment pour se rendre maître de la
Grèce. De fait, au printemps de 307, Antigone confia à son fils
Démétrios une flotte de deux cent cinquante vaisseaux avec
mission de libérer les cités grecques, en particulier Athènes :
la ville fut prise le 10 juin 307, cf. W. S. Ferguson, *op. cit.*,
pp. 63, 95-96.
(3) καθαράν : pure, je pense, de tout vain souci.
(4) *Caractères*, 16. Cf. le commentaire d'O. Navarre, Paris,
1924, et H. Bolkestein, *Theophrastos' Charakter der Deisidai-
monia als religionsgeschichtliche Urkunde* (*RGW*, XXI, 2, 1930).

« superstitieux », comme on traduit (1), mais de
l'homme qui vit perpétuellement dans la crainte des
puissances divines. « Assurément », commence-t-il,
« la *déisidaimonia* semble bien être un sentiment de
constante frayeur (δειλία) à l'égard de la puissance
divine. Et voici quelle sorte d'homme est le déisidaimôn ». Suit une série d'exemples, dont l'accumula-
tion donne sans doute à penser qu'un tel homme
dépasse la mesure, mais dont chacun, pris à part,
n'a rien que de normal dans la religion grecque. Ainsi
notre *déisidaimôn* célèbre la fête des Conges (16, 2) :
nous verrons bientôt qu'Épicure participait, lui aussi,
à cette fête, sans se distinguer en rien du bon peuple
d'Athènes (τὴν τῶν Χοῶν ἑορτὴν συνεορτάζων, fr. 169
Us.). Les quatrième et vingt-quatrième jours du mois,
le *déisidaimôn* se donne vacances, fait préparer du vin

---

(1) Notre « superstitieux » rend moins bien que *superstitiosus*
la nuance propre de δεισιδαίμων, cf. VARRON, fr. 29 a Agahd
(AUG., *Civ. dei*, VI, 9) : *cum religiosum a superstitioso ea distinc-
tione discernat* (sc. Varro), *ut a superstitioso dicat timeri deos,
a religioso autem tantum vereri ut parentes, non ut hostes timeri,
atque omnes ita bonos dicat, ut facilius sit eos nocentibus parcere,
quam laedere quemquam innocentem...*, SERV., *in Aen.*, VI, 596 :
religiosi sunt, qui per reverentiam timent, VIII, 187, *superstitio
est timor superfluus atque delirus.* Pour le Latin donc, le *superstitiosus* est le dévot mû par la crainte scrupuleuse (d'avoir irrité
la divinité), le *religiosus* (εὐλαβής) celui qui adore dans un sentiment de révérence. Dans sa fameuse définition (*n. d.*, II, 28,
71-72), Cicéron se laisse égarer par une fausse étymologie et
brouille tout : *quos deos et venerari et colere debemus. Cultus
autem deorum est optumus idemque castissimus atque sanctissimus
plenissimusque pietatis, ut eos semper pura integra incorrupta
et mente et voce veneremur. Non enim philosophi solum verum
etiam maiores nostri superstitionem a religione separaverunt :
nam qui totos dies precabantur et immolabant, ut sibi sui liberi
superstites essent, superstitiosi sunt appellati... ; qui autem omnia
quae ad cultum deorum pertinerent diligenter retractarent et tan-
quam relegerent, i sunt dicti religiosi.*

chaud, et passe son temps à couronner chez lui des statues divines (16, 10) : Épicure, avec ses amis, banquette le vingtième jour de chaque mois (1). Tous les mois, le *déisidaimôn* se rend avec ses enfants et sa femme (ou, à défaut, la nourrice) auprès des Orphéotélestes pour renouveler son initiation (16, 11) : or on nous dit d'Épicure qu'il se fit initier « aux mystères de la ville — sans doute les mystères éleusiniens — et aux autres (initiations ?) » (2). Ce qui caractérise le *déisidaimôn* en tant que tel, c'est le zèle qui le pousse à répéter indéfiniment cette cérémonie, comme si la première ne lui assurait pas une garantie suffisante. Éviter la souillure qu'entraîne le contact avec une tombe, un mort ou une accouchée (16, 9) est, si je puis dire, l'un des dogmes les plus solides de la religion grecque (3). Rien de plus habituel, pareillement, que la crainte des mauvais présages (16, 3, 6, 8,) le besoin de se faire expliquer ses rêves (16, 11), la croyance aux vertus purificatoires de l'olivier (16, 2), de l'eau de mer (16, 12), de l'ail et de l'oignon marin (16, 13), l'effroi que provoque la vue d'un aliéné ou d'un épileptique (16, 14) (4), la vénération à l'endroit du serpent qui s'est glissé dans la maison (16, 4). Ne croyons donc pas que le *déisidaimôn*

---

(1) Cf. *supra*, p. 31 et n. 2.
(2) τὰ μυστήρια τὰ [ἀστι]κὰ καὶ τὰς ἄλλας [τελετὰς μυούμενος supplevi exempli gratia], p. 169 Us.
(3) Entre cent exemples, cf. Theophr., *Charact.*, 16, 9. Voir aussi ma *Religion grecque* (*Histoire générale des Religions*, II, Paris, Quillet, 1944), pp. 54-57.
(4) Cf. Hippocr., π. ἱρῆς νόσου pour l'épileptique et, pour l'aliéné, par exemple Eurip., *Troy.*, 169 ss. (Hécube au Chœur) μή νύν μοι τὰν | ἐκβακχεύουσαν Κασάνδραν | πέμψητ'ἔξω, | αἰσχύναν Ἀργείοισιν, | μαινάδ, ἐπ'ἄλγεσ δ'ἀλγυνθῶ.

de Théophraste soit un être d'exception : au temps d'Épicure, et bien plus tard encore, il a des milliers de frères dans toutes les parties du monde grec (1).

On se rend compte, alors, que, pour une infinité de gens, la religion demeurait un servage qui pesait lourdement sur les âmes. Certes, dans les milieux cultivés, on pouvait bannir la crainte des Olympiens du fait qu'on en niait l'existence. Et il est bien vrai que le doute ou l'indifférence à l'égard des dieux civiques avait fait de grands progrès vers la fin du ɪᴠᵉ siècle : de là les efforts parallèles soit de Lycurgue et de Démétrios de Phalère pour ranimer les cultes officiels, soit, antérieurement déjà, de Platon, de l'auteur de l'*Épinomis* et d'Aristote (π. φιλοσοφίας) pour instaurer la religion nouvelle des dieux astres. Mais ces gens instruits, plus en vue peut-être et, en tout cas, mieux connus de nous puisqu'ils ont écrit, sont loin de représenter la foule. La foule restait attachée à ses dieux, et dès lors emprisonnée dans la crainte et l'espérance : la crainte, parce qu'il y avait toujours à redouter que, par un manquement, même involontaire, à quelque prescription rituelle, on eût offensé la divinité ; l'espérance, parce qu'on pouvait toujours se persuader qu'à force de purifications, de sacrifices et d'offrandes

---

(1) A propos du goût pour les récits de vengeances et punitions divines en plusieurs écrits d'Héraclide du Pont, Bignone note justement que la vogue de ces récits à l'âge hellénistique montre combien persistait alors l'antique idée de *némésis*, cf. *L'Aristotele perduto*, I, pp. 282-284 : « Ma l'età ellenistica a torto si considera ...eccessivamente scettica, mentre amava invece questi ritorni all'antico pietismo. Non aveva dunque del tutto torto Epicuro... **di accusare di superstizione i filosofi della scuola platonico-peripatetica** » (p. 284).

on parviendrait à émouvoir le cœur des dieux.

Que ces sentiments aient été vraiment enracinés dans l'âme païenne, les preuves directes abondent, sans parler de cette preuve indirecte que fournit l'éloquente protestation de Lucrèce contre les terreurs des dévots. Au IIIe siècle de notre ère, l'un des motifs les plus habituels de la haine populaire à l'endroit des chrétiens, c'est que, négligeant eux-mêmes et détournant les autres de sacrifier, ils ont provoqué la fureur divine contre l'Empire. En 410, après la prise de Rome par Alaric et ses Goths, ce préjugé a tant de force encore que saint Augustin est obligé d'y répondre : dans les dix premiers livres de la *Cité de Dieu*, il s'emploie à démontrer que les chrétiens ne sont pas responsables des malheurs de Rome (1). Rappelons seulement, pour nous borner, le petit traité de Plutarque sur la *déisidaimonia*. Plutarque oppose l'athéisme — par quoi il entend la doctrine épicurienne (2) — à la crainte excessive des dieux. Or ce dernier mal lui semble pire que le premier. Car l'athéisme peut bien être une idée fausse (ψευδὴς ἡ ὑπόληψις c. 1, κρίσις οὖσα φαύλη c. 2), mais du moins il ne produit aucun trouble de l'âme ; loin de là, il plonge dans un état d'insensibilité (εἰς ἀπάθειάν τινα δοκεῖ ... περιφέρειν c. 2) et il a pour effet de chasser la crainte (καὶ τέλος ἐστὶν αὐτῇ — sc. τῇ ἀθεότητι — ... τὸ μὴ φοβεῖσθαι c. 2). Au contraire la *déisidaimonia* cause des méfaits sans nombre. Du jour où l'on tient les dieux pour méchants et enclins

---

(1) Cf. le mot *Civ. Dei*, II, 3 : *pluvia defit, causa christiani sunt*.
(2) Cf. ἀτόμους τις οἴεται καὶ κενὸν ἀρχὰς εἶναι τῶν ὅλων, c. 1. L'accusation d'impiété était commune contre les Epicuriens, cf. USENER, *Epicurea*, pp. LXXI ss.

à nuire (οἰόμενον μὲν εἶναι θεούς, εἶναι δὲ λυπηρούς καὶ βλαβερούς c. 2), comme la Divinité est partout, comme elle peut nous poursuivre jusque dans le sommeil et par delà la tombe, il n'est plus aucun repos.

Tout n'est pas original, sans doute, dans cet opuscule de Plutarque. Certains traits doivent être des thèmes usuels dans l'école d'Épicure, puisqu'on les trouve à la fois chez Lucrèce et Philodème : Plutarque a dû les emprunter à la littérature épicurienne (1). Néanmoins, à lire ses analyses pleines de finesse, on se convainc bien vite qu'elles ne sont pas seulement

---

(1) Ainsi par exemple l'idée que les dieux nous poursuivent jusque dans l'Hadès. Cf. Lucr., I, 110-111, *nunc ratio nullast restandi, nulla facultas, | aeternas quoniam pœnas in morte timendumst.* Philod., *De dis I*, col. XVII, 9 ss. (p. 29 D.) ἀλλ' ε[ἰκὸς] τῶι μὲν ὑποστη[σαμέ]νωι | τοὺς θεοὺς ἐν τῷ ζῆν μόνον ἱλ[αστοὺς] | ἀργαλεωτέρ[αν] εἶναι τὴν περὶ τοῦ θανάτου ταραχὴν ὡς ἂν αἰωνίους ἐφ' αὑτῶι [συμ]|φορὰς προβάλλοντι, col. XVIII, 1-3 (p. 30 D., cf. p. 77) ἐὰν ἐμβάλης Ἅδου πά|λιν τὰ κ[οινῶς] ὑπ[οληφθέντα δ]ε[ιν'], ἀναπνεῖ[ν] | [οὐ δύνανται] = Si l'on jette de nouveau dans le cœur des hommes les représentations terrifiantes du vulgaire sur l'Hadès, ils ne peuvent plus respirer », bien qu'ils dussent se dire que, dans la mort, ils ne sentiront plus rien (ἐπαισθήσεσθαι [τοὺς θανόντα]ς ...μηδαμῶς, col. XVIII, 4-5). Plut., *De Superst.*, c. 3 : Pour tous le sommeil est un temps de relâche, mais non pour le déisidaimôn : μόνη γὰρ (ἡ δεισιδαιμονία) οὐ σπένδεται πρὸς τὸν ὕπνον, οὐδὲ τῇ ψυχῇ ποτε γοῦν δίδωσιν ἀναπνεῦσαι καὶ ἀναθαρρῆσαι, τὰς πικρὰς καὶ βαρείας περὶ θεοῦ δόξας ἀπωσαμένη (cf. Cic., *De Divin.*, II 72, 150 *perfugium videtur omnium laborum et sollicitudinum esse somnus. at ex eo ipso plurumae curae metusque nascuntur; qui quidem ipsi per se minus valerent et magis contemnerentur, nisi somniorum patrocinium philosophi suscepissent*), c. 4 : πέρας ἐστὶ τοῦ βίου πᾶσιν ἀνθρώποις ὁ θάνατος · τῆς δὲ δεισιδαιμονίας, οὐδ' οὗτος· ἀλλ' ὑπερβάλλει τοὺς ὅρους ἐπέκεινα τοῦ ζῆν, μακρότερον τοῦ βίου ποιοῦσα τὸν φόβον, καὶ συνάπτουσα τῷ θανάτῳ κακῶν ἐπίνοιαν ἀθανάτων.

l'exposé d'un lieu commun, mais qu'elles résultent de l'observation et de l'expérience. Voyons par exemple le ch. 7 où Plutarque met en contraste les sentiments de l'athée et du *déisidaimôn* quand les choses ne vont pas selon nos désirs (ἐν τοῖς ἀβουλήτοις). Si l'athée est un homme modéré, il se tait et cherche en lui-même sa consolation. S'il est d'humeur chagrine, il accuse le Hasard ou la Fortune : habitué à penser que tout est désordre ici-bas, son propre cas le confirme en cette conviction. De toute manière, l'athée s'en tire sans grand dommage, mais il n'en va pas de même du *déisidaimôn*. « Qu'il lui arrive le plus petit accident, le voilà qui se décourage, se bâtissant sur sa douleur des afflictions pénibles, graves, et dont il ne pourra se défaire ; il se remplit lui-même de craintes et de terreurs, de soupçons et de troubles, ne cessant de se lamenter et de gémir. Ce n'est ni un homme, ni un hasard, ni une circonstance, ni lui-même, c'est le Créateur souverain, c'est Dieu qu'il met en cause ; c'est de Dieu, à l'entendre, que débordent sur lui avec impétuosité ces flots de la malédiction terrestre. *A l'entendre, ce n'est pas parce qu'il est malheureux, mais parce que les dieux le haïssent, qu'il est châtié par eux ; c'est à ce titre qu'il subit une expiation ; et il est convaincu que tout ce qu'il souffre, il le mérite et le doit à lui-même* (1). » Ce morceau, et la suite, pourraient être écrits par le plus moderne des directeurs d'âmes. C'est qu'en vérité la crainte excessive de Dieu est une maladie éternelle, l'une aussi, comme le note Plutarque, des plus difficiles à guérir. Elle est congénitale au senti-

(1) Trad. Bétolaud (Paris, 1870).

ment religieux, et elle grandit avec ce sentiment lui-
même, car elle est en proportion du degré de foi.
Si l'on croit vraiment que, sans laisser de jeu aux
causes secondes, Dieu intervient lui-même, directement, jusque dans les moindres accidents de notre
vie, et si l'on a vraiment conscience de l'impureté
de notre être au regard de l'être divin, on n'est pas
loin de se persuader que toutes nos infortunes ont
pour cause quelque péché ou, mieux encore, cet état
permanent de péché qui est le lot propre des humains,
ce qui les caractérise essentiellement aux yeux de
Dieu. D'où une irritation continuelle de la Divinité
puisque nous ne cessons de l'offenser. « Comment
adresser la parole au *déisidaimôn*? Quel moyen de
lui offrir des secours ? Il est assis hors de sa maison
affublé d'un méchant sac, ou ceint de haillons hideux.
Souvent il se roule tout nu dans la boue, *confessant
à haute voix certaines fautes, certaines négligences
qu'il a commises*, s'écriant qu'il a bu ceci, qu'il a
mangé cela, qu'il a suivi telle route, contrairement à la
permission de son Génie (1). » Plutarque n'invente rien :
l'épigraphie confirme son propos. Nous possédons,
gravées sur la pierre, de telles confessions publiques (2).

Cette crainte des dieux n'affligeait pas seulement
pour la vie présente, elle faisait prévoir une éternité
de supplices. Sans doute faut-il éviter toute générali-
sation, car les sentiments des anciens sur ce point

---

(1) *Ib.*, c. 7, trad. Bétolaud.
(2) Cf. *Le Monde gréco-romain au temps de N. S.*, II,
pp. 120-127, en particulier pp. 124 ss. Ajouter les inscriptions
du sanctuaire d'Apollon Lairbénos en Phrygie, *MAMA*, IV
(1933), n°s 279 ss. (= *SEG*, VI, n°s 248 ss.) et cf., sur ces textes,
A. CAMERON, *Harv. Th. Rev.*, XXXII (1939), pp. 155 ss.

à l'autre, leur disparition, leur lever et leur coucher et tous les phénomènes du même ordre se produisent sous la direction d'un être qui les règle ou les réglera toujours (1) et qui en même temps possède la perfection de la béatitude jointe à l'immortalité : car le tracas des affaires, les soucis, les sentiments de colère et de bienveillance ne vont pas avec la béatitude, mais tout cela prend naissance là où il y a faiblesse, crainte et dépendance d'autrui » (*Ép.*, I, 76-77). « La nature bienheureuse et immortelle ne connaît elle-même point de tracas ni n'en cause à personne d'autre, en sorte qu'elle n'est en proie aux sentiments ni de colère ni de bienveillance : car toutes les choses de cet ordre n'appartiennent qu'à ce qui est faible » (*k. d.*, I). « En premier lieu persuade-toi que le dieu est un être vivant immortel et bienheureux, en la façon même dont le concept universel de l'être divin

---

(1) Les meilleurs MSS. ont διατάξοντος, trois (GHZ), διατάξαντος adopté par le seul Bailey. La difficulté est dans le disjonctif ἢ (διατάττοντος ἢ διατάξοντος). Selon Bailey (p. 250), Épicure distingue un Dieu qui règle indéfiniment les mouvements célestes et un Dieu qui, à la Création, les a réglés une fois pour toutes en sorte qu'ils continuent automatiquement : d'où le choix de διατάξαντος. Von d. Muehll renvoie à *k. d.*, XVI : le λογισμός du sage a ordonné, ordonne et ordonnera toujours (διῴκηκε ... καὶ διοικεῖ καὶ διοικήσει) les affaires les plus grandes et les plus importantes de sa vie : mais il y a là καί et non pas ἤ. BIGNONE (*L'Aristotele perduto*, II, pp. 376-378) pense qu'Épicure fait allusion au mythe du *Politique* (269 *c*) où Dieu tantôt règle personnellement le mouvement du monde, tantôt laisse le monde à lui-même, si bien qu'il retourne à son désordre congénital. Je doute que ἤ ait ici la valeur d'une disjonction absolue : « Ou bien ... ou bien. » L'idée est : « Il faut chasser la pensée d'un dieu qui règle ou qui continuera de régler indéfiniment les mouvements du ciel »; ni maintenant ni à aucun moment de l'avenir Dieu ne gouverne ou ne gouvernera le monde, en sorte qu'on peut être tranquille.

cohérent, et la solution qu'il apporte ne manque pas d'élégance en sa simplicité.

Délivré de tout souci par la limitation des désirs, le sage, ici-bas, obtient la paix de l'âme et, partant, la béatitude. Mais est-il croyable que les dieux ne jouissent pas d'un bonheur égal, les dieux que le Grec, depuis toujours, est accoutumé à tenir pour l'être immortel et bienheureux par excellence (1), jusque-là que ce double privilège de l'immortalité et du bonheur est même ce qui distingue essentiellement le dieu de l'homme misérable et mortel ? Assurément, si l'homme peut atteindre au bonheur, les dieux le peuvent aussi ; et ce qui constitue le bonheur des humains doit être aussi la substance de la félicité des dieux. Or le bonheur de l'homme consiste dans l'absence de trouble, ou, du moins, cette absence de trouble en est la condition première. C'est pour ne pas être troublé que l'homme s'astreint au régime le plus simple, renonce aux biens de fortune, vit à l'écart du monde, de la politique et des affaires, coupant ainsi à la racine tous les germes de passion qui pourraient nuire à sa paix. Les mêmes conditions valent pour les dieux. Il est donc absurde d'imaginer que les dieux s'inquiètent jamais du gouvernement de l'Univers et des affaires humaines. Cela irait à l'encontre de cette parfaite sérénité qui fait le fond de leur béatitude. « En outre, il ne faut pas croire que la marche des corps célestes, leur conversion d'un lieu

---

(1) Cf. *Idéal*, pp. 23-25 et Epicure, *Ep.*, I, 76 χα ἅμα τὴν πᾶσαν μακαριότητα ἔχοντος μετὰ ἀφθαρσίας, III, 123 πρῶτον μὲν τὸν θεὸν ζῷον ἄφθαρτον καὶ μακάριον νομίζων, *k. d.*, I τὸ μακάριον καὶ ἄφθαρτον.

Polygnote, au vᵉ, les avait représentés à la Leschè de Delphes, un vers des *Captifs* de Plaute, comédie imitée d'un original grec, atteste la diffusion de ces images (1). Enfin, si le texte célèbre de la *République* (II, 364 *e*) ne veut pas dire qu'on pouvait se faire purifier à la place de parents défunts pour les arracher à leurs peines, il prouve du moins qu'on recourait à certains sacrifices pour être absous de son crime et durant la vie et même après la mort (2).

Ainsi la crainte des dieux, de leur colère à l'égard des vivants, de leur vengeance sur les morts, a-t-elle joué un grand rôle dans la religion des Grecs. Peut-être Épicure lui-même l'a-t-il éprouvée. Peut-être a-t-il subi une crise de conscience dont il est sorti vainqueur. On comprendrait mieux, alors, son indéfectible assurance. Il est sûr, en tout cas, que la *déisidaimonia* sévissait autour de lui. Et, comme il est parvenu au port du salut et que, dans un sentiment de bienveillance universelle (3), il veut y conduire les autres hommes, son premier soin doit être de bannir cette crainte qui empêche radicalement l'ataraxie.

Or tout le mal provient d'une opinion fausse au sujet des dieux. Le remède à ce mal, c'est-à-dire la notion vraie des dieux, sera fournie par les premiers principes mêmes de la doctrine de l'ataraxie. Le système d'Épicure en cette matière est parfaitement

---

(1) PLAUTE, *Captifs*, V, 4, 1 *vidi ego multa saepe picta, quae Acherunti fierent | cruciamenta*.
(2) C'est ainsi en effet qu'avec H. Weil (*l. c.*, p. 85) et d'autres j'entends ὡς ἄρα λύσεις τε καὶ καθαρμοὶ ἀδικημάτων διὰ θυσιῶν καὶ παιδιᾶς ἡδονῶν εἰσὶ μὲν ἔτι ζῶσιν εἰσὶ δὲ καὶ τελευτήσασιν. « Ils (les orphéotélestes) peuvent faire que des méfaits ne soient punis par les dieux, ni dans cette vie ni après la mort » (Weil).
(3) καθόλου τε ἡ πρὸς πάντας αὐτοῦ φιλανθρωπία, *Vita*, 10.

ont varié à l'infini, surtout peut-être à l'époque hellénistique, depuis le scepticisme radical (1) jusqu'à l'inquiétude sincère qui poussait à se faire initier à tous les mystères orientaux pour obtenir une garantie d'immortalité plus solide (2). La croyance aux châtiments d'outre-tombe, fort ancienne en Grèce, où la *Nékyia* d'Homère, que tous savaient par cœur (3), l'avaient popularisée, paraît en quelques-uns des écrits du IVe siècle. Une cliente de Lysias se déclare prête à jurer et, pour donner plus de poids à son serment, elle rappelle les peines infernales qui sont réservées au parjure (4). Céphalos, père de Lysias, avoue qu'il est tourmenté, tandis qu'il prend de l'âge, par la crainte d'avoir à expier dans l'Hadès les fautes qu'il a pu commettre durant sa longue vie (5). « Démosthène dit qu'il faut condamner à mort l'auteur d'une loi détestable, afin qu'il donne cette loi aux impies dans les Enfers. Ailleurs, il présume qu'un vil sycophante sera un jour précipité par les dieux infernaux dans le lieu où sont les impies (6). » Les supplices des Enfers étaient un sujet familier aux peintres : un vase archaïque nous les montre dès le VIe siècle (7),

---

(1) Callim., *Epigr.*, 13. Cf. *supra*, p. 17.
(2) Sur cette diversité, voir les justes remarques de H. Weil dans sa recension de la *Psyche* de Rohde, *Études sur l'antiquité grecque* (Paris, 1900), pp. 85-86. Quelques-unes des références qui vont suivre sont empruntées à ce même article, pp. 82-84.
(3) Cf. surtout A. Dieterich, *Nekyia*, 2e éd., Leipzig-Berlin, 1913.
(4) Lys., *c. Diogiton*, 13.
(5) Plat., *Rép.*, I, 330 *d*-331 *b*.
(6) Weil, *l. c.*, p. 83, citant Démosth., *Timocrate*, 104, *Aristogiton*, I, 53.
(7) Vase archaïque de Palerme, cf. G. Méautis, *L'Ame hellénique d'après les vases grecs* (Paris, 1932), fig. 44 et 45.

se trouve gravé en nous, et ne lui attribue rien qui soit étranger à l'immortalité ou non approprié à la béatitude : en revanche, tout ce qui est capable de lui conserver la béatitude conjointe à l'immortalité, représente-toi qu'il le possède. Assurément il existe des dieux — la connaissance que nous en avons est claire vision (1) —, mais ces dieux ne sont pas tels que le vulgaire l'imagine. Car le vulgaire ne sait pas garder intacte la notion qu'il se forme des dieux (2). Et ce n'est pas celui qui nie les dieux du vulgaire qui est impie, mais celui qui associe à la notion de dieu les fausses opinions du vulgaire. Car les assertions du vulgaire sur les dieux ne sont pas des concepts nés de la sensation (προλήψεις, cf. *Vita* 34), mais des suppositions erronées. De là vient que les pires dommages sont infligés aux méchants par le fait des dieux, comme aussi les plus grands avantages accordés < aux bons > (3). Ceux-ci en effet, s'étant familiarisés durant toute leur vie, par leur propre excellence, avec la vraie nature des dieux, reçoivent volontiers dans leur esprit les dieux qui leur sont semblables, tandis qu'ils regardent comme étranger à la nature divine tout ce qui n'est pas tel (4) » (*Ép.*, III,

---

(1) Sur le mot ἐναργής, qui a valeur technique chez Epicure, cf. *infra*, p. 86, n. 2.

(2) Tout en concevant les dieux comme immortels et bienheureux, le vulgaire ne laisse pas que de leur attribuer des passions qui contredisent à ce double privilège, cf. Bignone et Bailey, *ad. loc.*

(3) Le complément <τοῖς ἀγαθοῖς> de Gassendi est indispensable. « Bons » et « méchants » s'opposent ici comme « sages » et « insensés », cf. Philod., *De dis.*, I, col. XII, 17 ss. (p. 20 D.) ὁ δ'Ἐπίκουρος ἄνδρας ἀ[γαθοὺ]ς ἐκώλυε νοεῖν τοιαῦτα οἷ'ἂν ἐκ[βάλλῃ τὸ] εὐδοκῆσαι.

(4) ἔνθεν αἱ μέγισται βλάβαι τε τοῖς κακοῖς ἐκ θεῶν ἐπάγονται

123-124). « Leur indestructibilité (des dieux) a pour conséquence qu'ils sont étrangers à tout pâtir : on ne peut ni leur causer aucune joie ni leur infliger du dehors aucune souffrance » (fr. 99 Us. = Philod., π. εὐσ., p. 125 G.) (1).

Quelle sera donc, dans ces conditions, la religion d'Épicure ?

Tout d'abord, il n'est pas question de nier les dieux : « Les dieux existent, la connaissance que nous en avons est claire vision » (2) (*Ép.*, III, 123). Loin donc

καὶ ὠφέλειαι <τοῖς ἀγαθοῖς>. ταῖς γὰρ ἰδίαις οἰκειούμενοι διὰ παντὸς ἀρεταῖς τοὺς ὁμοίους ἀποδέχονται, πᾶν τὸ μὴ τοιοῦτον ὡς ἀλλότριον νομίζοντες. Pour cette phrase difficile (mettre un point avant ἔνθεν), j'ai adopté, après réflexion, le sens proposé par Usener (qui, *Epic.*, pp. xx-xxi, se réfère au fr. 385, à LUCR., VI, 68 ss. et à PHILOD. π. εὐσ.,p. 86.13 G.) et Bignone. Les objections de Bailey (pp. 330-331) ne me semblent pas solides. ἔνθεν ne fait pas double emploi avec ἐκ θεῶν, mais se rapporte à toute la phrase précédente. Il n'est pas dit que les dieux causent des dommages aux méchants (Bailey demande : « is there any evidence in Epicureanism for the idea that the images of the gods do harm to the evil ? »), ce sont les méchants qui se nuisent à eux-mêmes par leur fausse conception des dieux, comme les bons tirent avantage de leurs notions justes, puisqu'elles leur permettent de communiquer avec l'ataraxie des dieux. — Malgré *Ep.*, I, 37, τοῖς ᾠκειωμένοις φυσιολογίᾳ (« pour ceux qui sont accoutumés à l'étude de la nature »), je crois que ταῖς γὰρ ἰδίαις οἰκειούμενοι ἀρεταῖς veut dire ici non pas « accoutumés à leurs propres vertus » (« adusati alle proprie virtu » Bignone, « being accustomed to their own virtues » Bailey), mais « familiarisés avec les dieux grâce à leurs propres vertus » (ainsi déjà Ernout qui force peut-être la nuance : « ces derniers s'apparentent entièrement aux dieux par leurs vertus propres »). Au surplus, ἀρεταί n'a pas tant ici le sens de « vertus morales » que celui d' « excellence » (= la condition d'ataraxie qui assimile le sage au dieu).

(1) Lettre d'Epicure à un ami inconnu, sous l'archonte Charinos (308 /7).

(2) ἐναργής, « manifeste aux yeux » (du corps ou de l'âme) désigne chez Epicure ce qui est vu par une intuition directe, et qui est donc évident. Nous connaissons les dieux par une sorte

de compter Épicure parmi ces sceptiques ou ces indifférents dont le nombre augmente à la fin du ɪvᵉ siècle, il faut le tenir au contraire pour l'un de ceux qui

de vision immédiate, en ce sens qu'il émane, de la personne des dieux, des images subtiles qui s'impriment directement sur notre esprit et y créent le « concept universel » (ἡ κοινὴ νόησις) de dieu, cf. Bailey, *ad* III, 123 et pp. 259 ss., en particulier pp. 264-267. Avec ἐναργής γὰρ αὐτῶν ἐστὶν ἡ γνῶσις, cp. Plat., *Théét.*, 206 *b* 7 πολὺ τὸ τῶν στοιχείων γένος ἐναργεστέραν τε τὴν γνῶσιν ἔχειν φήσομεν καὶ κυριωτέραν τῆς συλλαβῆς πρὸς τὸ λαβεῖν τελέως ἕκαστον μάθημα. Pour ἐναργής, cf. fr. 255 Us. πρόληψιν δὲ ἀποδίδωσιν (sc. Epicure) ἐπιβολὴν ἐπί τι ἐναργὲς καὶ ἐπὶ τὴν ἐναργῆ τοῦ πράγματος ἐπίνοιαν, Epic., π. φύσ., κη, fr. 5, col. VII, 10 inf. (p. 14 Vogl.) ὁ δὲ ἐπιλογισμὸς εἰς γνῶσιν τῶν ἀφανῶν κέχρηται τ[ῆι ἐναρ]γεῖ κτήσει, *ib.*, fr. 5, col. XI, 6 (p. 18 V.). Pour ἐνάργημα (création d'Epicure ?), cf. *Ep.*, I, 72 : on ne doit pas juger du temps en le référant à un concept que nous percevons en notre propre esprit, ἀλλ' αὐτὸ τὸ ἐνάργημα (l'intuition directe) ... ἀναλογιστέον, *Ep.*, II, 91 : la grandeur réelle des astres est telle qu'elle paraît à nos yeux, toute objection sur ce point s'évanouit ἐάν τις τοῖς ἐναργήμασι προσέχῃ, ὅπερ ἐν τοῖς περὶ φύσεως βιβλίοις δείκνυμεν, II, 93 πάντα γὰρ τὰ τοιαῦτα (toutes ces sortes d'explication) ... οὐθενὶ τῶν ἐναργημάτων διαφωνεῖ, II, 96 ἐπὶ πάντων γὰρ τῶν μετεώρων τὴν τοιαύτην ἰχνεύειν οὐ προετέον. ἢν γάρ τις ᾖ μαχόμενος τοῖς ἐναργήμασιν, οὐδέποτε μὴ δυνήσεται ἀταραξίας γνησίου μεταλαβεῖν. L'ἐνάργημα est donc la donnée d'évidence qui doit prévaloir et servir de critère. Pour ἐνάργεια (déjà Plat., *Polit.*, 277, c. 3, où Platon compare son discours à la peinture déjà achevée dans son dessein général, mais à qui manque l'ἐνάργεια — la précision et le relief — que donne l'harmonie des couleurs) cf. *Ep.*, I, 48 οὐδὲν γὰρ τούτων (= de cette doctrine) ἀντιμαρτυρεῖται ταῖς αἰσθήσεσιν, ἂν βλέπῃ τις τίνα τρόπον τὰς ἐναργείας (la claire vision des objets externes), τίνα καὶ τὰς συμπαθείας ἀπὸ τῶν ἔξωθεν πρὸς ἡμᾶς ἀνοίσει (sc. ἡ αἴσθησις), I, 52 καὶ ταύτην οὖν σφόδρα γε δεῖ τὴν δόξαν κατέχειν, ἵνα μήτε τὰ κριτήρια ἀναιρῆται τὰ κατὰ τὰς ἐναργείας (les critères fondés sur l'évidence), I, 71 καὶ οὐκ ἐξελατέον ἐκ τοῦ ὄντος ταύτην τὴν ἐνάργειαν (il ne faut pas exclure du domaine de l'être cette donnée d'évidence que sont les accidents appréhendés conjointement aux objets sensibles), I, 82 ὅθεν ... προσεκτέον ... ταῖς αἰσθήσεσι, ... καὶ πάσῃ τῇ παρούσῃ καθ' ἕκαστον τῶν κριτηρίων ἐναργείᾳ

réagissent contre l'incrédulité grandissante (1). Lui-même croit aux dieux et aux bienfaits de la religion. Il est assidu aux actes de culte traditionnels, il est en somme un homme pieux, au sens où l'entendaient les anciens (2). Qu'il ait dû recevoir à Samos, dans son enfance, l'éducation religieuse des petits citoyens d'Athènes, cela va de soi, sans qu'il y ait lieu même de faire un sort au propos rapporté par ses ennemis, « qu'il accompagnait sa mère dans ses tournées de maison en maison pour y lire des formules de purification » (3). Pour se convaincre de sa piété, il n'est pas besoin non plus de prêter attention à l'usage qu'il fait de la langue des mystères (4), car ce peut n'être qu'une transposition littéraire (5). Il suffit de l'entendre parler : « < Qu'il faut honorer les dieux civiques > », déclare Philodème (6), « ce n'était pas

---

(il faut demeurer attentif aux données d'évidence conformément à chacun des critères), k. d., XXII τὸ ὑφεστηκὸς δεῖ τέλος ἐπιλογίζεσθαι καὶ πᾶσαν τὴν ἐνάργειαν, ἐφ' ἣν τὰ δοξαζόμενα ἀνάγομεν (il faut toujours considérer la fin réelle et tout l'ensemble des données d'évidence auxquelles nous référons nos jugements, — sans quoi tout ne sera que doute et confusion).

(1) Bignone, *L'Aristotele perduto*, II, pp. 367 ss., a bien marqué ce point.

(2) Il avait écrit un περὶ ὁσιότητος, cf. *Vita*, 27 *fin*, Usener, *Epicur.*, pp. 106-108, et un περὶ εὐσεβείας, Usener, p. 100.

(3) *Vita*, 4, dans un morceau où Diogène Laerce rapporte quelques-unes des calomnies lancées contre Epicure. Or celle-ci est un lieu commun (cf. Démosth., *De Cor.*, 258), et Bignone (*L'Ar. perd.*, II, p. 367) a donc tort, à mon sens, de regarder le fait comme authentique.

(4) Ainsi Bignone, *op. cit.*, II, p. 369, renvoyant à Diels *ad.* Philod., *De dis I*, p. 93, n. 1 : cf. *supra*, p. 57, n. 1.

(5) On la rencontre déjà chez Platon. Cf. *Idéal*, pp. 116 ss. *(Mystères cultuels et mystères littéraires)*.

(6) Philod., π. εὐσ., p. 127 G. = fr. 169 Us. Voir aussi les passages du l. II du π. εὐσ., reconstitués par Philippson, *Hermes*, LVI, pp. 364 ss., en particulier pp. 366-367, 372-373, 379.

là seulement l'enseignement d'Épicure, mais l'on voit bien par sa conduite même qu'il observait fidèlement toutes les fêtes et tous les sacrifices traditionnels. En effet, sous l'archonte Aristonymos (1), écrivant à Phyrsôn au sujet d'un de ses concitoyens, Théodotos, il dit avoir participé à toutes les fêtes, ... avoir célébré avec le peuple la fête des Conges (τῶν Χοῶν, 2ᵉ jour des Anthestéries) et avoir été initié aux mystères de la ville ainsi qu'aux autres (initiations ?) » (2). Dans une autre lettre citée par Philodème (3), Épicure écrit : « Quant à nous, sacrifions pieusement et avec décence aux jours convenables, et accomplissons tous les autres (4) actes de culte conformément aux usages, sans nous laisser aucunement troubler par les opinions communes dans nos jugements sur les êtres les meilleurs et les plus augustes. En outre, demeurons libres de toute charge touchant l'opinion que j'ai dite (5) : car c'est ainsi qu'il est permis de vivre selon

(1) Peut-être 289/8 : cf. *P. W.*, s. v., n° 7.
(2) τὴν τ[ῶν] Χοῶν ἑορτὴν [συν]εορτάζων καὶ [τὰ] μυστήρια τὰ [ἀστι]κὰ (Usener : [Αττι]κὰ Gomperz) καὶ τὰς ἄλλας [τελετὰς μυούμενος supplevi]. Cf. fr. 157 Us. = Philod., π. εὐσ., p. 105 G. (lettre d'Épicure à Polyainos) : [συνεορτασ]τέα κἂν [' Ανθεστήρι]α, καὶ γὰρ το[ῦ θείου] ἐπιμνηστέ[ον]. Mais Usener avoue : « lusi quae proposui », p. 149, *ad l.* 13. Philippson, *Hermes*, LVI, 373, lit : ['συνεορτασ]τέα κ'Αν[θεστήρι]α · καὶ γὰρ τῶ[ν θεῶν] ἐπιμνηστέ[ον ὡς αἰ]τίων πολλῶν [ἀγαθῶν ὄντω]ν'.
(3) Philod., π. εὐσ., p. 126 G. = fr. 387 Us., cf. Diels, *Sitz. Ber. Berlin*, 1916, p. 896.
(4) κα[ὶ τ]ἄλλα πάντα πράττωμεν Gomperz, Usener, Diels : κα[ὶ κ]αλῶ[ς] π. πράττωμεν Bailey (fr. 57).
(5) Ainsi Bailey pour ἔτι δὲ καὶ δίκαιο[ι ὦ]μεν ἀφ'ἧς ἔλε[γον δό]ξης. Mais peut-être : « Demeurons justes (= manifestons notre justice envers les dieux), pour la raison que j'ai dite. » Diels lit ἔτι δὲ καὶ δίκαιό[ν φα]μεν ἀφ'ἧς ἔλε[γον δό]ξης = « En outre nous déclarons que cela est juste, pour la raison que j'ai dite. »

la nature... (1). » D'après Philodème encore (2), dans le second livre *Sur les Genres de Vie*, Épicure dit que le sage « donnera des marques d'adoration aux dieux », et Philodème ajoute un peu plus loin (3) : « Au surplus, il apparaîtra qu'Épicure a fidèlement observé tous les usages du culte et qu'il a prescrit à ses amis de les observer, non seulement à cause des lois, mais pour des raisons conformes à la nature des choses (διὰ φυσικὰς, sc. αἰτίας). En effet, dit-il, dans le livre *Sur les Genres de Vie* (4), prier est propre à la sagesse, non que les dieux doivent s'irriter si nous ne le faisons pas, mais parce que nous percevons combien la nature des dieux l'emporte sur nous en puissance et en excellence. » Ajoutons enfin le témoignage d'un ancien qui n'est pas de l'École, Cicéron, dans le *De Natura Deorum* (5) : « Certes, Épicure tient que les dieux existent, et même je n'ai vu aucun homme qui craignît autant les choses que, selon lui, il ne faut pas craindre, je veux dire la mort et les dieux. »

Ces textes suffisent (6), et il n'y a pas la moindre

---

(1) Le reste est trop mutilé pour donner un sens. Diels complète ainsi : οὕτωι (!) γὰρ [ἐν]δέχεται φύσι[ν θνη]τὴν ὁμοίω[ς Διὶ] νὴι Δία ζῆν, [ὡς φαί]νεται · κἂν [τῶι Πε]ρὶ βίων δὲ π[ερὶ τῆς προσκυνή[σεως... = « car c'est ainsi qu'il est permis, par Zeus, à la nature mortelle de vivre à la ressemblance de Zeus, comme il apparaît. Et, dans le traité *Sur les Genres de Vi*(?) touchant les marques d'adoration... ».
(2) Philod., π. εὐσ., p. 126.26 G. = fr. 12 Us.
(3) *Ib.*, p. 128.5 G. = fr. 13 Us.
(4) ἐν τῶι Περὶ [βίων] Usener : Περὶ [θεῶν] Buecheler, peut-être plus justement.
(5) Cic., *N. D.*, I, 31, 86. C'est Cotta qui parle.
(6) Sans parler même des cultes privés de la secte, sur quoi, cf. *supra*, p. 31, n. 2. Le texte de Philod., π. εὐσ., p. 104 G., est lu ainsi par Diels (*l. c.*, p. 894) : παραγίνεσθαι ἀλ]ηλιμμένον ἐπὶ δεῖπν]ον, αὐτόν τε [ἑορτὴν τ]αύτην ἄγειν [τὴν ταῖς] εἰκά<σ>ι

raison d'interpréter les faits qu'ils rapportent comme des marques d'hypocrisie. Cette accusation fait partie du bagage usuel d'injures et de calomnies qu'on se lançait, dans l'antiquité, de secte à secte. Les Stoïciens en ont fait emploi contre Épicure et Plutarque la répète après les Stoïciens (1). Mais Philodème en retour la jette à la face des Stoïciens (2). Tout de même, sur la foi du *De Mundo* qu'ils lui attribuent par erreur, les Pères de l'Église chargent d'impiété Aristote (3), et l'on sait de reste combien le crime d'ἀθεότης a été habituel contre les chrétiens. Pareilles accusations qui, le plus souvent, vont de pair avec celle d'immoralité (4), n'ont d'ordinaire aucune valeur. Dans le cas d'Épicure, on voit aussitôt combien aisément elles devaient naître d'une méconnaissance de la pensée du Sage.

διαφό[ροις εἰλ]απινα<σ>ταῖς [ἀξίως] τὴν οἰκίαν ὁ[πώραις] ἐπιλαμπρύ[ναντά τ]ε καὶ καλέσαν[τα πάν]τας εὐωχῆσαι =
= « (Épicure avait coutume) d'assister, oint d'huile, au banquet et de célébrer cette fête du 20ᵉ jour avec d'excellents compagnons, après avoir splendidement orné la demeure des fruits de la saison et invité tout le monde à faire bombance. » Il faut mettre, je pense, une virgule avant ἀξίως et rapporter διαφ. εἰλαπιναστᾶις à ἑορτὴν ἄγειν comme datif d'accompagnement ou d'intérêt (« célébrer cette fête pour », « offrir un banquet de fête à »).

(1) Cf. PLUT., *c. Epic. beatit.*, 21, p. 1102 *b* = fr. 30 Us., PHILOD., π. εὐσ., p. 108 G. (DIELS, *l. c.*, p. 893, n. 5) καὶ τῶν δογμάτων ἕκαστον πεπλασμένως, ἀλλ' οὐκ ἀπὸ ψυχῆς (Diels : τύχης N) ἐκτιθέναι, Luc., *Alex.*, 25 ἀθέων ... ἐμπεπλῆσθαι ... τὸν Πόντον, etc.
(2) PHILOD., π. εὐσ., p. 84 G. Cf. USENER, *Epicurea*, p. LXXII.
(3) Cf. *Idéal*, pp. 221 ss. *(Aristote dans la littérature grecque chrétienne jusqu'à Théodoret).*
(4) Contre Épicure, cf. *Vita*, 3-4. Contre les chrétiens, voir presque tous les Apologètes. Contre les mystères païens, Clément D'ALEXANDRIE *(Protreptique),* Firmicus MATERNUS *(De err. prof. rel.)* et les Pères, *passim.*

Sincère en sa fidélité aux cultes civiques, Épicure ne l'était pas moins dans l'emploi qu'il faisait, en ses écrits, de ces interjections où l'on prend à témoin le nom des dieux. « Qu'ils approuvassent l'usage des serments », remarque Philodème (1), « il serait ridicule de le rappeler, puisque leurs traités philosophiques en sont tout remplis (2). Il convient cependant de dire qu'Épicure recommandait de garder la foi jurée par ces serments ou autres semblables, et surtout d'observer l'éclatant serment par le nom de Zeus lui-même. Car ce n'est pas lui qui écrit : « Au nom « de... — mais que dirai-je ? Comment parler sainte- « ment (3) ? » Et à Colôtès il conseille de veiller toujours au respect des serments et au bon usage du nom des dieux (καὶ πάσης θεολογίας). »

Ce n'est donc pas seulement pour « suivre la loi », mais par un sentiment vrai, qu'Épicure observe les rites du culte. Néanmoins sa religion n'est pas celle du vulgaire. Elle s'en distingue en deux points.

D'une part, les dieux d'Épicure, étant sans trouble comme le sage, ne prennent point souci des affaires

---

(1) π. εὐσ., p. 104 G. = fr. 142 Us. = Diels, *Sitz. B. Berlin*, 1916, p. 894, dont je suis les lectures.

(2) Diels, *l. c.*, p. 893, n. 3 et 4, cite fr. 389, 120, 196 Us. ; π. φύσ., κη, fr. 5, col. I, 5 (p. 8 Vogl.) ἀλλ[ὰ] μὰ Δία τῶμ μὲν καθ' [ἕ]κα[στ]α οὖκ ἂν φήσαιμ[εν] ; Epicur. pap. 1413 (inédit), *ap.* Crönert, *Kolotes*, 104⁵⁰¹ ὦ πρὸς Θε[ῶν, ὅ]τι τἀτὸ ὁραῖς ; Epic., π. φύσ., ιδ, fr. 9 καὶ τῶν προσ[αγορευο]μένων φιλοσόφων οὓς ναὶ μὰ τὸ[ν Δία οἴ]μαι εἴδει (l. ἤδη)καὶ Δημοκριτ‹ε›ίους ὀνομάσαι.

(3) Comme les langues modernes le nom de Dieu *(Parbleu, morbleu, Great Scott!)*, le grec évitait le nom de Zeus dans les jurons : d'où le μὰ τὸν κύνα socratique, cf. Burnet *ad* Plat., *Apol.*, 22 *a* 1. Épicure blâme ici cette retenue (οὐ γράφων), mais exige qu'on prenne avec sérieux l'appel au témoignage de la divinité.

humaines. Revenons, par quelques citations, sur ce dogme essentiel (1). « Dans son traité *De la Sainteté*, il (Épicure) nomme la vie de la divinité infiniment plaisante et bienheureuse, et il estime qu'il faut éloigner toute impureté de cette notion qu'on a du divin, prenant conscience (2) des dispositions d'un tel genre de vie (= celui des dieux), en telle sorte que nous adaptions tout ce qui nous arrive à la manière d'être qui convient à la félicité divine. C'est par de tels moyens, pense Épicure, que la sainteté devient toute accomplie, cependant qu'on garde avec soin les traditions communes. En revanche, dans quelle impiété insurpassable les gens qu'on dit « frappés de terreur « religieuse » ne vont-ils pas s'élancer ! Car il n'est pas impie, celui qui maintient l'immortalité et la suprême

(1) PHILOD., π. εὐσ., p. 122 G. = fr. 38 Usen. Je suis le texte tel qu'il a été restauré par PHILIPPSON, *Hermes*, LVI, pp. 382-383 : κα[λεῖ] δὲ καὶ τὸν θ[ειό]τητος [βίον ἥ]διστον καὶ μ[ακαρι]ώτατον ἐν [τῶι] περὶ ὁσιότητ[ος καὶ κ]αταξιοῖ πᾶ[ν μι]αρὸν φυλάτ[τεσθαι νοής]εως συ[νορω]μένης τὰ[ς τούτου] διαθέσεις [τοῦ πάν]τα γ' οἰκε[ιοῦν] τὰ γειν[ό]μεν[α [εἰς τὸν πρ[ὸς] μακ[αριότητα] τρόπον · [διὰ δὲ τοι]αῦτα νο[εῖ τε]τελέσθαι τὴν πᾶσαν ὁσιότητα σὺν τῶι τ[ὰ κοι]νὰ φυλάττειν · ὧ[ς] δ' οἱ λεγόμε[νοι δει]σιδαίμονες εἰ[ς ἀνυ]πέρβλητον ἀ[σέβει]αν ἐκβάλλουσι[ν · οὐ] γὰρ ὁ τὴν ἀθαν[ασίαν] κα[ὶ τ]ὴν ἄκραν μακα[ριότητ]α τοῦ θ[ε]οῦ σώ[ιζων σὺ]ν ἅπασι[ν, ἃ τ[αύταις συ]νάπτομ[εν], ἀ[[ι]]σ[εβής · εὐ]σεβὴς δ'ὁ περ[ὶ δαίμο]νος ἑκά[τε]ρον [δοξ]αζόμεν[ος] · ὁ δ'[ἐπινο]ῶν χωρὶς ὀργῆ[ς καὶ] χάριτος ἀσθενούσης τὰς ἐξ αὐτοῦ παρασκε[υὰς] τῶν ἀ[γα]θῶν κα[ὶ] τῶ[ν κακ]ῶν ἀπο[ραί]νετ'[αὐτὸν τ]ῶν ἀνθρω[πείω]ν μηδ[ε]νὸ[ς προσ]δεῖσθ', ἀλ[λὰ κατὰ σ]υντέ[λειαν εἶναι].

(2) Littéralement, c'est notre notion de Dieu qui « prend conscience de... ». Plus loin, je regarde l'infinitif au génitif τοῦ οἰκειοῦν comme une apposition explicative à συνορωμένης. Le tour se rencontre chez Polybe, et il est familier au grec biblique, cf. ABEL, *Gramm. du grec bibl.*, pp. 311-312. Pour l'idée, cf. *Ep.*, III, 123 μήτε τῆς μακαριότητος ἀνοίκειον αὐτῷ προσάπτε et la suite.

béatitude du dieu, jointes à tous les privilèges que nous attachons à ces deux premiers. Il est pieux au contraire, celui qui, sur la divinité, tient l'une et l'autre opinions (= que la divinité est immortelle et bienheureuse). Et celui qui voit en outre que c'est indépendamment de toute colère ou bienveillance maladive (1) que nous viennent les biens et les maux procurés par la divinité, celui-là déclare qu'elle n'a besoin d'aucune des choses humaines, mais qu'elle jouit de la pleine réalisation de tous les biens. » Et encore : « Qu'il suffise de dire pour l'instant que la divinité n'a besoin d'aucune marque d'honneur, mais qu'il nous est naturel à nous de l'honorer, surtout en concevant d'elle des notions pieuses, puis aussi en offrant à chacun des dieux tour à tour les sacrifices traditionnels (2). » « < Si l'on admet que les dieux prennent soin du monde >, il faut donc admettre (3) qu'ils peinent d'une manière insurpassable, et non pas seulement durant un temps limité. Car dire que, d'après l'analogie des hommes zélés d'ici-bas, on se persuadera que les dieux non plus, dès là qu'ils sont doués de prudence, ne peuvent entrer dans la catégorie des brouillons, c'est ruiner, selon notre doctrine, la sérénité des dieux. Dès lors, à parler correctement, il faut déclarer que les dieux ne connaissent ni peine ni fatigue (4). »

D'autre part, puisque les dieux sont indiciblement heureux, les louer par la prière, se rapprocher d'eux

---

(1) Je pense qu'il faut rapporter ἀσθενούσης aux deux substantifs ὀργῆς et χάριτος.
(2) Philod., *De musica*, c. 4, 6 = fr. 386, p. 258.11 Us.
(3) Puisque les dieux sont immortels.
(4) Philod., *De dis I*, col. VII, 1 ss. (p. 14 Diels).

en ces occasions solennelles où la cité leur offre un sacrifice, se réjouir avec eux aux fêtes annuelles, c'est prendre part à leur bonheur. Voilà pourquoi le disciple d'Épicure sera fidèle aux prescriptions de la religion. Si les fêtes d'Athènes sont pour tous une occasion de liesse, l'épicurien a plus de raisons encore de se tenir en joie. N'est-il pas l'égal de Zeus ? Tant qu'il ne souffre ni de la faim ni de la soif ni du froid, tant qu'il est pourvu, chose facile, d'un peu de bouillie et d'eau, il peut rivaliser en bonheur avec Zeus même (1). Voilà pourquoi aussi le sage épicurien ne se fait pas scrupule d'invoquer le nom des dieux : « Il en appelle au Tout-Bienheureux pour renforcer sa propre béatitude (2). »

On eût peut-être étonné le Sage en le disant, mais il est néanmoins très vrai que cette religion d'Épicure s'apparente à celle de Platon. Tous deux mettent le terme de l'acte religieux dans la contemplation de la beauté, et par là se révèlent authentiquement fils de la Grèce (3). Pour eux comme pour tous les Grecs, l'être divin, quelle qu'en soit l'essence, est un être parfaitement beau, qui mène une vie harmonieuse et sereine (4). Ainsi le Dieu-Monde du *Timée* est une œuvre d'une beauté achevée que le Démiurge, « le meilleur des artistes » (5), a ciselée avec amour (6) ; et ce thème de la beauté revient sans cesse comme

---

(1) *Gn. Vat.*, XXXIII ; fr. 602 Us.
(2) Diels, *l. c.*, p. 895.
(3) Sur ce point, cf. *Contemplation... selon Platon*, pp. 45 ss. *(La Contemplation religieuse)*, 358 ss. *(Culte public et religion du sage)*.
(4) *Contemplation*, pp. 48 ss.
(5) *Tim.*, 29 *a* 3, 6, 29 *e* 1-30 *b* 1.
(6) ἐτορνεύσατο 33 *b* 6, ἀπηκριβοῦτο 33 *c* 1.

un *leitmotiv* dans tout le morceau sur le corps du Monde (1). De même les dieux d'Épicure sont remplis de beauté (2) : « Il faut partir de la nature humaine pour en déduire, par ressemblance, la constitution des dieux, et déclarer par suite que la divinité est un être vivant éternel et impérissable, et qu'il est tout rempli de béatitude : avec cette restriction toutefois qu'il ne comporte ni les fatigues de l'homme ni les maux relatifs à la mort, pour ne rien dire des châtiments posthumes, qu'on ne peut lui attribuer aucune des choses qui nous font souffrir, mais bien toutes les choses bonnes, et qu'il possède la beauté en plénitude. » Ainsi encore, selon la tradition grecque (3), le Dieu-Monde du *Timée* se suffit complètement à lui-même et il n'a besoin de rien (4). Il en va de

---

(1) πλὴν τὸ κάλλιστον 30 *a* 5, κάλλιον *b* 3, κάλλιστον ... ἄριστόν τε ἔργον *b* 6, καλόν *c* 6, τῷ καλλίστῳ καὶ κατὰ πάντα τελέῳ *d* 2, καλῶς 31 *b* 9, δεσμῶν δὲ κάλλιστος *c* 2, κάλλιστα *c* 5, τέλεον ἐκ τελέων 32 *d* 1, τέλεον 33 *a* 7, σχῆμα τὸ πρέπον *b* 2, τελεώτατον *b* 6, κάλλιον *b* 8, τέλεον ἐκ τελέων 34 *b* 2, ὅτι λαμπρότατόν τε καὶ κάλλιστον 40 *a* 4 (dieux astres). Voir aussi 53 *e* 1 ss. (polyèdres réguliers), κάλλιστα σώματα *e* 1, καλλίω *e* 5, τὰ διαφέροντα κάλλει *e* 7, προαιρετέον τὸ κάλλιστον 54 *a* 3, κάλλιον *a* 4, κάλλιστον *a* 7 ; 68 *e* 3 τὸν αὐτάρκη τε καὶ τὸν τελεώτατον θεόν (le Monde), 92 *c* 8, etc.

(2) Philod., *De dis I*, col. II, 7 ss. (p. 10 D.).

(3) Cf. l'Etre de Parménide, B 8, 32-33 οὕνεκεν οὐκ ἀτελεύτητον τὸ ἐὸν θέμις εἶναι · | ἔστι γὰρ οὐκ ἐπιδευές (*Tim.*, 33 *c* 4 οὐκ ἐπιδεές) ; Xénophane, A 32 (p. 122.24 Diels-Kranz) ἐπιδεῖσθαί τε μηδενὸς αὐτῶν (τῶν θεῶν) μηδένα μηδ' ὅλως ; Xénophon, *Memor.*, 1, 6, 10 τὸ μηδενὸς δεῖσθαι θεῖον εἶναι ; Eurip., *Herc. Fur.*, 1345 δεῖται γὰρ ὁ θεός, εἴπερ ἐστ' ὄντως θεός, | οὐδενός ; Aristote, *De caelo*, I, 9, 279 *a* 34 οὔτ' ἐνδεὲς τῶν αὐτοῦ καλῶν οὐδενός ἐστιν.

(4) *Tim.*, 33 *d* 2 ἡγήσατο γὰρ αὐτὸ ὁ συνθεὶς αὔταρκες ὂν ἄμεινον ἔσεσθαι μᾶλλον ἢ προσδεὲς ἄλλων.

même des dieux d'Épicure (1). Cependant, au dire de Platon (2), ces dieux bienheureux à qui rien ne manque « ont eu pitié de la race humaine vouée, par nature, à souffrir. Ils ont donc institué comme des moments de relâche pour nos peines : ce sont les fêtes où l'homme converse avec ses dieux. Ils nous ont donné comme compagnons de fête les Muses, Apollon Musagète, Dionysos, afin que, nous associant aux dieux en ces rencontres, nous corrigions à nouveau notre manière de vivre... De là le rythme et l'harmonie. Car ces dieux qui nous ont été ainsi donnés pour mener avec nous les chœurs de danse nous font éprouver du plaisir à percevoir le rythme et l'harmonie ; eux-mêmes, nous instruisant à nous mouvoir en ordre, se faisant nos chorèges, par ces danses et ces chants mêlés ils nous unissent les uns aux autres, et ils ont appelé ces exercices *chœurs* (χορούς) à cause de la joie qu'on y ressent (παρὰ τῆς χαρᾶς) ». Or de son côté Philodème déclare (3) : « C'est par les dieux surtout que la volupté naît au cœur de l'homme *(voluptatem in homine a deo auctore creatam adserit principaliter).* » Comme l'a bien vu Diels (4), ce propos se rapporte aux fêtes religieuses. Ce sont les dieux qui ont institué les fêtes pour nous donner quelque part à leur perpétuelle joie. Sans doute, l'homme peut goûter au bonheur des dieux en d'autres temps aussi, toutes les fois qu'il reçoit en son esprit les émanations bienheureuses qui se dégagent de la personne des

(1) τῶν ἀνθρω[πείω]ν μηδενὸ[ς προσ]δεῖσθαι, fr. 38 Us., τὸ δαιμόνιον μὲν οὐ προσδεῖταί τινος τιμῆς, fr. 386, p. 258.12 Us.
(2) Plat., *Lois*, 11, 653 *d*-654 *a*. Cf. *Contemplation*, pp. 53-54.
(3) Philod. *ap.* S. Ambros., fr. 385 *a*, p. 356.6 Us.
(4) *Sitz. B. Berl.*, 1916, p. 895.

dieux (1). Néanmoins c'est aux jours de fête, quand on approche l'autel du sacrifice ou contemple la statue divine, que l'influence des dieux se fait sentir avec plus de force et produit la plus grande joie. « Voilà, dit Épicure, la chose la plus essentielle et qui, pour ainsi dire, l'emporte en prééminence. Car tout sage a sur la divinité des opinions pures et saintes et il tient cette nature pour grande et auguste. C'est dans les fêtes surtout que, progressant dans la perception de cette nature tandis qu'il en a tout le temps le nom à la bouche, le sage, par suite d'une émotion plus vive, en vient à comprendre (ou « à posséder ») l'immortalité des dieux (2). » « < Le sage adresse des prières > (3) aux dieux, il admire leur nature et leur condition, il s'efforce de s'en rapprocher, il aspire pour ainsi dire à la toucher, à vivre avec elle, et il nomme (4) les sages amis des dieux et les dieux amis des sages (5). »

Tous ces éléments de la religion épicurienne se trouvent rassemblés dans une lettre du Sage à un ami inconnu (6) : découvert dans un papyrus d'Égypte, rapporté à Épicure et soigneusement édité par Diels, ce précieux document conclura dignement notre ana-

---

(1) Fr. 385 Us.
(2) Fr. 386 Us. = Philod., π. εὐσ., p. 106 G., cf. Philippson, *Hermes*, LVI, p. 373.
(3) <ὁ σοφὸς προσεύχεται> τοῖς θεοῖς : supplevi exempli gratia.
(4) καλεῖ τε Usener : καλείτω Diels.
(5) Fr. 386, p. 258.15 Us. = Philod., *De dis III*, p. 16.14 Diels.
(6) *P. Oxyrh.*, II, 215 (p. 30) = H. Diels, *Ein Epikureisches Fragment über Götterverehrung*, *Sitz. Ber. Berlin*, 1916, pp. 886 ss. (texte pp. 902-904). Les compléments entre crochets obliques sont dus à Diels, dans sa traduction allemande en regard du texte. Ces compléments, il va sans dire, ne visent qu'à marquer la suite des idées, et ne prétendent pas à la certitude.

lyse. On y rappelle sans doute le dogme de l'ataraxie des dieux et, partant, de leur indifférence à l'égard des choses humaines. Mais on y voit aussi que ce dogme, loin de supprimer la religion, doit la purifier : l'homme vraiment pieux ne s'adresse pas aux dieux pour les apaiser ou en obtenir quelque grâce, mais pour s'unir à eux par la contemplation, se réjouir de leur joie, et goûter ainsi lui-même, dans cette vie mortelle, à leur bonheur sans fin.

< Il n'y a point piété quand on observe les obligations religieuses habituelles — bien que l'offrande de sacrifices > aux occasions convenables soit, comme je l'ai dit, chose propre à la nature —, ni non plus, par Zeus, quand l'un ou l'autre va répétant : « Je crains tous les dieux, et je les honore, et je veux dépenser toute ma fortune à leur offrir des sacrifices et à leur consacrer des offrandes (1). » Un tel homme est peut-être plus louable que d'autres particuliers (2), toutefois ce n'est pas encore ainsi qu'on pose le fondement solide de la piété. Toi, mon ami, sache que le don le plus bienheureux, c'est d'avoir une claire perception des choses : voilà le bien absolument le meilleur que nous puissions concevoir ici-bas. Admire cette claire appréhension de l'esprit, révère ce don divin. Après cela, < tu ne dois pas honorer les dieux parce que tu penses, par ce moyen, gagner leur faveur >, comme on se l'imaginera quand on te verra faire des actes de piété, mais seulement parce que, en comparaison avec ta propre béatitude, tu vois combien, d'après notre doctrine, la condition des dieux est infiniment plus auguste. Et certes, par Zeus, < quand tu mets en pra-

---

(1) [κ]α ἰτού[τοις] βο[ύ]λ[ο]μαι πάντα κα[τ]αθύειν καὶ τούτοις [ἀν]ατίθεναι, ll. 8-11. πάντα, selon moi, se rapporte aux deux verbes.
(2) ἄλλων ἰδιω[τῶ]ν, l. 13. « Als andere Laien » (Diels), c'est-à-dire « profanes », par opposition au φιλόσοφος, est évidemment possible, mais me paraît un peu recherché.

tique > cette doctrine, la plus digne de foi < comme
ta raison doit te l'assurer, il t'est bien permis d'offrir
des sacrifices aux dieux. Tu accomplis ainsi > une
chose qui donne confiance et qui est vue avec plaisir,
si elle vient en son temps, puisque tu mets en honneur
ta propre doctrine en usant des plaisirs sensibles qui se
trouvent convenir en ces occasions, et qu'en outre
tu t'accommodes de quelque façon aux traditions
religieuses. Veille seulement à n'y mêler ni crainte
des dieux ni supposition qu'en agissant ainsi tu t'at-
tires la faveur des dieux.

Car, en vérité, au nom de Zeus (comme on se plaît
à dire), qu'as-tu à craindre en cela ? Crois-tu que les
dieux puissent te faire du tort ? N'est-ce pas là, de
toute évidence, les rapetisser ? Comment donc ne
regarderas-tu pas la Divinité comme quelque chose de
misérable si, en comparaison avec toi, elle apparaît
inférieure ? Ou bien serais-tu d'avis que, par le sacrifice de milliers de bœufs, tu peux, si tu as commis
quelque mauvaise action, apaiser le dieu ? Ou qu'il
tiendra compte du sacrifice et, comme un homme, te
fera remise une fois ou l'autre d'une partie du dommage ?

Sans doute, les hommes se disent qu'il faut craindre
les dieux et les honorer par ces sacrifices, afin que,
retenus par le tribut qu'on leur porte, les dieux ne
s'attaquent pas à eux : dès lors, pensent-ils, si cette
conjecture est juste, de toute façon ils ne subiront
aucun dommage, et, si elle n'est pas juste, comme ils
rendent honneur à la puissance des dieux, tout ira
bien. Mais si ces étroites relations < entre dieux et
hommes existaient vraiment, ce serait un grand
malheur, car l'action s'en ferait sentir jusque par delà
la tombe >, après les cérémonies des funérailles, une
fois qu'on a été incinéré. Car alors, même sous la terre,
on subirait un dommage et tout homme devrait s'attendre au châtiment. Outre cela, je n'ai pas à dire
comment les hommes devraient mendier des signes de
la faveur des dieux, dans leur crainte d'être négligés
par eux (car ils penseraient amener ainsi les dieux
à communiquer plus volontiers avec eux et à descendre

dans leurs temples), non plus que la diversité et le grand nombre de leurs comportements eu égard à la crainte du dommage et pour se mettre en garde contre le châtiment. Car tout cela, au vrai, apparaît comme une pure illusion de ces gens-là, comparé à la doctrine de ceux qui estiment que, dès ici-bas, il existe une vie bienheureuse, et qui n'admettent pas que les morts recommencent à vivre, — prodige non moins invraisemblable que ceux que Platon a imaginés.

CHAPITRE V

ÉPICURE ET LA RELIGION ASTRALE

Des dieux qui ne feraient pas de mal. Des dieux qui ne seraient pas méchants. Des dieux qui ne seraient pas tout le temps à surveiller vos moindres gestes pour voir si vous n'outrepassez pas la mesure, l'étroite mesure imposée à l'homme, ni à épier vos moindres faux-pas pour vous abattre, sûrs d'ailleurs qu'un jour vous tomberez entre leurs mains et qu'ils pourront assouvir leur vengeance. Des dieux enfin sans haine et sans envie. Voilà la bonne nouvelle qu'Épicure apportait au monde, avec une insistance où il faut voir peut-être le souvenir d'une angoisse personnelle, dont il s'était peu à peu délivré, dont il brûlait maintenant de délivrer les autres hommes.

Faut-il s'attendre qu'après cela il dût accepter la religion nouvelle qu'avaient imaginée les doctes, ses adversaires de l'école de Platon et d'Aristote (1) ? On a dit plus haut les origines et la raison d'être de cette religion astrale. Le problème qui se posait, pour

---

(1) Sur la longue querelle entre Epicure et l'école « platonico-péripatéticienne », cf. surtout l'ouvrage déjà cité de BIGNONE, *L'Aristotele perduto e la formazione filosofica di Epicuro*, 2 vol., Florence, 1936. Sur le point des dieux astres, *ib.*, II, pp. 355-538.

les savants, était d'atteindre un objet divin qui satisfît tout ensemble aux exigences de la pensée scientifique et aux besoins de l'âme religieuse. Les dieux du vulgaire choquaient la morale et n'avaient aucun rapport avec l'ordre du Cosmos. Dès la *République* (1), Platon a banni ces fables mensongères qui représentent les dieux aussi passionnés et capables de crimes que les hommes. Dans le *Timée* (40 *d* 6 ss.), c'est avec une ironie bien marquée qu'il remet le soin de parler des généalogies des dieux traditionnels aux « fils des dieux », c'est-à-dire aux auteurs de théogonies qui, comme les Orphiques, passaient pour descendre des dieux (2). Touchant les dieux traditionnels, qu'on ne voit point (3), on peut se permettre toutes les fantaisies puisque l'auditeur est incapable de vérifier ce qu'on lui dit (4). Autant avouer que les dieux populaires échappent aux prises de la science. Or, dans certains milieux tout au moins, on ne peut plus accepter, même en ce qui regarde les dieux, un discours qui ne soit point scientifique. La Divinité doit être, non seulement le garant de la moralité,

(1) II, 377 *e*-391 *e*. Cf. *Id. rel. d. Grecs*, pp. 176 et n. 3, 192-195.
(2) *Rép.*, II, 364 *e* 3 βίβλων δὲ ὅμαδον παρέχονται Μουσαίου καὶ 'Ορφέως Σελήνης τε καὶ Μουσῶν ἐκγόνων, ὥς φασι.
(3) A la différence des dieux astres, qui sont visibles : *Tim.*, 40 *d* 5 θεῶν ὁρατῶν, 41 *a* 4 ὅσοι δὲ περιπολοῦσιν φανερῶς καὶ ὅσοι καθ'ὅσον ἂν ἐθέλωσιν, *Epin.* 984 *d* 3 ss. : opposition des dieux traditionnels (Zeus, Héra et « tous les autres ») aux dieux ὁρατοί, μέγιστοι καὶ τιμιώτατοι.
(4) *Criti.*, 107 *b* 1 ἡ γὰρ ἀπειρία καὶ σφόδρα ἄγνοια τῶν ἀκουόντων περὶ ὧν ἂν οὕτως ἔχωσιν πολλὴν εὐπορίαν παρέχεσθον τῷ μέλλοντι λέγειν τι περὶ αὐτῶν. Cp. Hippocr., π. ἀρχ. ἰητρ., 1, p. 36.18 Heib. οἷον περὶ τῶν μετεώρων ἢ τῶν ὑπὸ γῆν · ἃ εἴ τις λέγοι καὶ γινώσκοι ὡς ἔχει, οὔτ' ἂν αὐτῷ τῷ λέγοντι οὔτε τοῖς ἀκούουσι δῆλα ἂν εἴη, εἴτε ἀληθέα ἐστίν εἴτε μή · οὐ γὰρ ἔστι, πρὸς ὅ τι χρὴ ἀνέγκαντα εἰδέναι τὸ σαφές.

mais le soutien de l'ordre cosmique, la loi suprême de
l'Univers. Tel est bien le caractère que la science
astronomique, qui a fait de si grands progrès au
ive siècle, reconnaît au Ciel et aux astres. Le mouvement du Ciel commande tous les autres mouvements.
La course des astres a été ramenée à des périodes
régulières qui obéissent au nombre et mesurent le
temps. Toute la partie supralunaire du Cosmos forme
ainsi un ensemble harmonieux, d'une durée éternelle (1). D'autre part, Ciel et astres sont bien des
dieux. Leur mouvement sans fin est un mouvement
ordonné, ce qui suppose qu'ils sont doués d'une
âme intelligente. Ce sont donc des êtres vivants
immortels. Or n'est-ce pas là, de toute antiquité,
la définition des dieux (2) ?

Mais alors, aux yeux d'Épicure, nous sommes
revenus au même point, et cette religion des doctes ne
vaut pas mieux que l'autre, étant faite pour nous
inspirer les mêmes craintes que la religion populaire.

Comme les anciens dieux en effet, ces dieux nouveaux sont doués d'une volonté propre dont les
décrets inflexibles imposent à l'humanité un joug
plus insupportable que les caprices des Olympiens.
Au dire de Platon dans le *Timée* (47 c 3), les mouvements réguliers du Dieu Ciel ne comportent absolument aucune erreur (3). Dans les *Lois* (VII, 818 b ss.),

(1) Cf. Arist., *De cael.*, I, 10-12, II, 1.
(2) *Ib.*, II, 1, 284 a 2 διόπερ καλῶς ἔχει συμπείθειν ἑαυτὸν
τοὺς ἀρχαίους καὶ μάλιστα πατρίους ἡμῶν ἀληθεῖς εἶναι λόγους,
ὡς ἔστιν ἀθάνατόν τι καὶ θεῖον τῶν ἐχόντων μὲν κίνησιν κτλ.,
284 a 11 τὸν δ'οὐρανὸν καὶ τὸν ἄνω τόπον οἱ μὲν ἀρχαῖοι τοῖς
θεοῖς ἀπένειμαν ὡς ὄντα μόνον ἀθάνατον.
(3) μιμούμενοι τὰς τοῦ θεοῦ (sc. περιόδους) πάντως ἀπλανεῖ
οὔσας, *Tim.*, 47 e 3.

ce caractère parfaitement immuable des mouvements célestes est dénommé « une Nécessité, contre laquelle Dieu même ne peut lutter » (1) et défini en ces termes (VII, 818 *b* 9) : « Cette Nécessité divine » — par opposition aux nécessités humaines (818 *b* 4) —, « il me semble qu'à moins de l'avoir pratiquée et d'avoir appris à la connaître, aucun Dieu absolument ni aucun Génie ni aucun Héros (2) ne saurait être capable d'exercer sérieusement sur les hommes une action providentielle ». Enfin l'*Épinomis* déclare (982 *b* 5-*c* 5) : « La nécessité inhérente à l'âme douée d'intellect est certes, de toutes les nécessités, la plus puissante de beaucoup — car elle légifère en maître, alors que nul ne la commande —, et ce décret immuable, une fois que l'âme a décidé le meilleur en vertu du dessein le meilleur, se trouve être ce qui s'accomplit réellement, selon le plan prévu : il n'est métal si dur (3) qui soit plus résistant que lui ni plus inaltérable, mais c'est en toute réalité que les trois Moires qui le tiennent veillent à ce que s'accomplisse le décret délibéré selon le conseil le plus juste par chacun des dieux sidéraux. » Pour Aristote de même, les dieux astres se meuvent d'un mouvement volontaire (4) et ce mouvement immuable leur confère nécessairement la qualité d'êtres premiers et souve-

---

(1) *Lois*, VII, 818 *b* 2, cf. V, 741 *a*, *Protag.*, 345 *b*.
(2) Les héros exercent une action protectrice et bienfaisante sur la cité qui garde leurs reliques.
(3) οὐδὲ ἀδάμας. On ne sait trop quel métal les anciens entendaient par ἀδάμας, cf. *Tim.*, 59 *b* 5 et TAYLOR, *ad loc*. Le sens de « diamant » n'apparaît pas avant Théophraste, *Lap.*, 19.
(4) Fr. 24 R. = CIC., *N. D.*, II, 16 *restat ut motus astrorum sit voluntarius*.

rains dans l'Univers (1). Si l'on ajoute enfin que, par leurs conjonctions et oppositions, qui les font apparaître, se cacher, puis de nouveau apparaître à nos yeux, ces dieux astres « épouvantent les hommes incapables de calculer (2), qui croient voir dans le ciel des signes prophétiques de l'avenir » (3), on comprendra sans peine qu'Épicure ait tenu la religion astrale

(1) Fr. 6 R. = SIMPL., *In de cael.* (I, 9, 279 *a* 18), p. 288.30 Heib. τὸ θεῖον ἀμετάβλητον ἀναγκαῖον εἶναι πᾶν τὸ πρῶτον καὶ ἀκρότατον.

(2) τοῖς οὐ δυναμένοις λογίζεσθαι, *Tim.*, 40 *d* 2. Ceux qui sont capables de calculer, c'est-à-dire les astronomes, savent que les rencontres des astres se produisent en leur temps dû par suite des mouvements divers des divers astres : ces phénomènes ne les étonnent donc pas et ils n'y voient nul présage, cf. TAYLOR, *ad loc.* Il est intéressant de noter que, tandis que Cicéron lit encore οὐ avant δυναμένοις *(rationis expertibus)*, cet οὐ avait disparu au temps de Chalcidius *(iis qui motus earum intelligere possunt)* et de Proclus (III, 145.8, 150.30 D.), et que, de tous les manuscrits, A (cod. d'Aréthas, ixe s.) est seul à l'avoir : encore οὐ y est-il ponctué par A[2]. Comme le marque Taylor, p. 244, les rapides progrès de l'astrologie après Cicéron ont fait considérer cet οὐ comme une erreur : ce sont justement « ceux qui calculent », les astrologues, qui prédisent l'avenir d'après les astres.

(3) *Tim.*, 40 *d* 1-2. Il peut s'agir ici, simplement, des éclipses de soleil et de lune dont le Grec n'était pas moins effrayé que les autres peuples de l'antiquité (cf. THUC., VII, 50). Mais la complexité des phénomènes envisagés dans le texte fait songer plutôt, déjà, aux procédés divinatoires de l'astrologie. En ce cas, Platon doit faire allusion aux peuples orientaux, car l'astrologie proprement dite n'avait pas encore pénétré en Grèce même de son temps, cf. TAYLOR, *ad loc.*, qui cite PROCL., *in Tim.*, III, 151.1 ss. : « C'est avec grand émerveillement que Théophraste considère la science des Chaldéens de son temps relativement aux phénomènes célestes, science qui prédisait, entre autres choses, la vie et la mort de chaque individu, et non pas seulement les événements généraux, par exemple le beau et le mauvais temps (c'est ainsi qu'il attribue aux Chaldéens cette doctrine que l'astre d'Hermès apparaissant en hiver cause de grands froids, en été des chaleurs brûlantes). Les Chaldéens donc, dit Théophraste dans son livre *Sur les Présages*, connaissaient à l'avance, d'après l'état du ciel, et les événements particuliers et les généraux. »

pour plus dangereuse encore que les croyances du peuple.

Que nous enseignent en effet les nouveaux prophètes ? D'une part que l'ordre institué par les astres est absolument inflexible. D'autre part que ces astres sont des êtres animés, doués de sens et de raison, donc des dieux personnels. On voit aussitôt ce qui résulte de la conjonction de ces deux traits.

C'était une croyance bien anciennement établie que tout, ici-bas, dépend des dieux. Mais, ces dieux étant conçus comme des êtres personnels, sujets aux passions humaines et donc aux sentiments de la miséricorde et de la pitié, on pouvait espérer de les fléchir à force de prières et de sacrifices. Ainsi la crainte ne dominait-elle pas entièrement le cœur des hommes. Il s'y mêlait de l'espoir. Quelque dure que parût la condition présente, il était permis d'attendre un sort meilleur. Et ce même espoir resta permis dans la suite, quand, à la croyance universellement répandue en l'omnipotence de la Fatalité, on eût ajouté la foi en des dieux sauveurs plus puissants que l'Heimarménè (1). Car, si l'on ne pouvait rien sans doute sur la marche inéluctable d'événements fixés de toute éternité par le jeu régulier des mouvements célestes, et s'il eût été vain de s'irriter là-contre, on pouvait du moins agir sur les dieux personnels qui délivrent de l'Heimarménè. Mais que faire, si les seuls dieux réels sont en même temps les dieux qui fixent immuablement le cours des choses ? Quel moyen de les apaiser et de les fléchir, puisqu'ils se confondent désormais avec l'ordre néces-

(1) Cf. *Id. rel. d. Gr.*, pp. 101 ss. (*L'Ειμαρμένη*).

saire ? Et quel recours contre eux, dès là qu'il n'y a
pas d'autres dieux, qu'ils sont seuls à posséder ces
caractères d'animation, de sensibilité, de libre vouloir
que, depuis toujours, on avait accoutumé de joindre
à la notion de divin ?

Maintenant, il n'est plus de place que pour la
crainte et un immense désespoir. Mieux vaudrait,
en vérité, qu'on bannît entièrement la foi aux dieux.
Il n'y aurait plus alors que la Fatalité aveugle, la
« Loi de la Nature », loi toute matérielle contre
laquelle on ne songerait pas plus à se révolter qu'on
ne se révolte contre la pierre qui fait choir, le vent qui
brûle ou glace. Mais que penser de décrets immuables
qui proviennent de volontés libres ? Comment ne pas
s'imaginer que de tels décrets révèlent une volonté
persistante de nuire aux hommes, que tout le soin
des dieux est de nous faire souffrir, et cela sans
rémission aucune, pour la suite infinie des temps ?
Car il n'est même pas possible de se dire que tout
finit à la mort. Ces doctes ne le veulent pas. L'âme
humaine, éternelle comme les astres, est soumise
à des lois fatales (1). Attachée d'abord à un astre

(1) νόμους τε τοὺς εἱμαρμένους, *Tim.*, 41 e 2. Malgré le bel article de Gundel, *P. W.*, VII, 2622 ss., il reste encore à dire sur l'évolution du terme et de l'idée. Je me borne ici à signaler deux points. (A) Il ne semble pas que ἡ εἱμαρμένη (sc. μοῖρα) ait été employé comme substantif avant Platon. L'idée vient peut-être des philosophes d'Ionie (ainsi Gundel), mais l'on n'a sur ce point que des δόξαι très postérieures (en un temps où terme et idée étaient courants), aucun texte même des présocratiques (cf. Diels-Kranz, s. v. εἱμαρμένος et la note de Diels à [Héraclite], B 137, I, p. 182.4, n. cr.) ; d'autre part, les tragiques ont εἵμαρται, εἱμαρμένον ἐστι, non le participe substantivé. — (B) Alors que εἵμαρται est en général lié encore à l'idée de divinité avant Platon — cf., outre la μοῖρα θεῶν d'Homère (v. gr. *Od.*, III, 269), Théognis, 1033-4 θεῶν δ'εἱμαρμένα δῶρα | οὐκ ἂν ῥηϊδίως θνητὸς

fixe (1), elle descend de cet astre, en vertu de la Nécessité (ἐξ ἀνάγκης 42 a 3), pour une première naissance dans un corps d'homme. De la manière dont l'âme aura vécu cette première vie dépendra son sort futur. Si elle a bien vécu, elle remonte au σύννομον ἄστρον, où elle mène une vie heureuse, semblable à celle de cet astre. Si elle a mal vécu, elle recommence de naître pour un nombre indéfini d'existences, mais en passant, désormais, d'abord dans un corps de femme, puis dans des corps d'animaux. Et si l'âme persiste dans sa malice, elle ne verra pas la fin de ses tribulations et de ses souffrances tant qu'elle n'aura pas soumis aux mouvements réguliers de l'intellect toutes les passions qui se sont ajoutées à son être du fait du corps matériel (*Tim.*, 42 c-d). Voilà donc ce qui attend l'âme selon la morale et la religion de Platon et de l'Académie. D'où il suit que, loin d'avoir évité les tares de la morale et de la religion traditionnelles, ces dogmes nouveaux, aux yeux d'Épicure, ne pouvaient que les aggraver : l'Enfer est désormais cette vie terrestre elle-même, ou plutôt une succession indéfinie de vies terrestres, dont chacune l'emportera en horreur sur les précédentes puisque l'âme doit

ἀνὴρ προφύγοι, Esch., *Ag.*, 913-4 τὰ δ'ἄλλα φρόντις ... | θήσει δικαίως σὺν θεοῖς εἱμαρμένα, Soph., *Trach.*, 169 πρὸς θεῶν εἱμαρμένα, Bacchylide, 13.1 (Jebb = 41.1 Edmonds) εὖ μὲν εἱμάρθαι παρὰ δαίμονος ἀν|θρώποις ἄριστον, — chez Platon l'εἱμαρμένη apparaît seule, *Phed.*, 115 a 5 ἐμὲ δὲ νῦν ἤδη καλεῖ, φαίη ἂν ἀνὴρ τραγικός, ἡ εἱμαρμένη, *Tim.*, 89 c 6 παρὰ τὴν εἱμαρμένην (μοῖραν) τοῦ χρόνου (ceci au vrai équivaut au χρόνος εἱμαρμένος de *Phed.*, 113 a 2-3 οὗ [le marais de l'Achéron] αἱ τῶν τετελευτηκότων ψυχαὶ τῶν πολλῶν ἀφικνοῦνται καί τινας εἱμαρμένους χρόνους μείνασαι ... πάλιν ἐκπέμπονται εἰς τὰς τῶν ζῴων γενέσεις).

(1) *Tim.* 41 e 1 ; cf. Taylor, *ad loc.*

s'incarner en des bêtes de plus en plus vicieuses.

Qu'eût-il donc servi de bannir les craintes et les espérances que suscitaient les dieux traditionnels si l'on devait adopter le culte des dieux astres ? Mais il était facile d'en ruiner par la base tout l'édifice. La religion astrale se couvrait du prestige de la science : il suffisait donc de montrer que cette science était fausse, que ces prétendus dieux astres n'ont rien de divin puisqu'ils ne sont qu'une masse agglomérée de feu. C'est à quoi Épicure s'emploie dans la lettre à Hérodote, lui-même encore ou son compilateur dans la lettre à Pythoclès : il vaut la peine de reproduire ces textes qui prennent un intérêt nouveau si on les replace dans l'atmosphère spirituelle de l'époque.

Lettre à Hérodote, 76-82 :

« Il ne faut pas croire que la marche et la conversion (1) des corps célestes, leur disparition, leur lever, leur coucher et tous les phénomènes du même ordre se produisent sous l'influence d'un Être qui a pour service public (λειτουργοῦντος) de les diriger, qui dispose ou a disposé une fois pour toutes ces phénomènes dans le même temps qu'il jouit de la plénitude du bonheur joint à l'immortalité — [**77**] car les affaires, les soucis, les mouvements de colère et de bienveillance ne vont pas d'accord avec le bonheur, mais trouvent place là où il y a faiblesse et crainte et besoin de l'aide d'autrui —, et il ne faut pas croire non plus que les astres, qui ne sont que du feu agglo-

---

(1) τροπή, au singulier : il ne s'agit donc pas seulement de la conversion du soleil aux deux tropiques nord et sud — les τροπαί = solstices, — mais de toute conversion des corps célestes.

méré, soient en possession de la béatitude et, prenant en charge ces mouvements, les dirigent à leur gré (1). Mais il faut garder tout son poids à la majesté du divin dans toutes les façons de parler que nous appliquons à de telles notions (2), afin qu'il n'en résulte pas des opinions contradictoires à la majesté du divin. Sans quoi, par elle-même, la contradiction créera le plus grand trouble dans les âmes. Dès lors, on estimera que cette « nécessité » et cette « révolu-« tion régulière » des astres (3) résultent de la formation, lors de la naissance du monde, des conglomérats susdits en lesquels la matière se trouve prise.

« [78] Davantage, on doit penser que l'étude de la nature a pour fonction propre de connaître exactement la cause des réalités essentielles (τὰ κυριώτατα) et que le bonheur, dans la science des phénomènes célestes, consiste précisément en cette exacte connais-

---

(1) κατὰ βούλησιν, 77.5. Cf. 81.4 ἔχειν βουλήσεις ἅμα καὶ πράξεις. Réponse au *motus voluntarius* des astres selon Platon et Aristote (ARIST., fr. 24 R.).

(2) κατὰ πάντα ὀνόματα φερόμενα ἐπὶ τῆς τοιαύτης ἐννοίας. Dans tout ce que nous concevons et disons des astres, il nous faut veiller à la majesté du divin, et ne pas la dégrader en tenant les astres pour des dieux.

(3) De nouveau allusion certaine aux platoniciens. Pour l'ἀνάγκη, cf. *Lois*, VII, 818 *a* 8 τὸ δὲ ἀναγκαῖον αὐτῶν (des nombres et des astres), 818 *b* 2 οὐδὲ θεὸς ἀνάγκῃ μή ποτε φανῇ μαχόμενος, 818 *b* 3 ὅσαι θεῖαί γε, οἶμαι, τῶν ἀναγκῶν εἰσίν et la suite 818-*b c*, *Epin.*, 982 *b* 5 ἡ ψυχῆς δὲ ἀνάγκη νοῦν κεκτημένης ἁπασῶν ἀναγκῶν πολὺ μεγίστη γίγνοιτ'ἄν, κτλ. Pour περίοδος, cf. *Tim.*, 34 *a* 1 ss. κίνησιν γὰρ ἀπένειμεν αὐτῷ (le Ciel) τὴν ... περὶ νοῦν καὶ φρόνησιν μάλιστα οὖσαν ' ... ἐπὶ δὲ τὴν περίοδον ταύτην, 43 *c* 7 les περίοδοι régulières de l'âme (en connexion avec celles des astres) sont opposées aux mouvements chanceux et irréguliers dont est affecté le petit enfant du fait de la violence des impressions sensibles. περίοδος implique par lui-même l'idée d'un mouvement régulier.

sance, dans l'intelligence des sortes d'êtres qui se font voir en ces phénomènes célestes et de tous les faits qui ont affinité à la science exacte requise pour le bonheur. On doit penser en outre qu'il n'y a point de place ici pour ce qui comporte une pluralité d'explications ou ce qui peut se produire tantôt d'une façon tantôt d'une autre, et que, d'un mot, il n'y a point de place dans ce qui est par nature immortel et bienheureux pour aucune des choses qui prêtent à la dispute ou suggèrent du trouble. Et cela, nous pouvons saisir par la pensée qu'il en est absolument ainsi.

« [79] Quant à ce qui relève du domaine de l'investigation détaillée des couchers, levers, conversions, éclipses, et de tous les faits du même ordre, cela ne contribue en rien au bonheur que donne la connaissance, loin de là : ceux qui ont observé ces phénomènes, et qui pourtant ignorent quelles sont les natures et les causes toutes maîtresses, sont sujets aux mêmes terreurs que s'ils n'avaient pas acquis ce surplus de connaissances (προσῄδεισαν) (1), et peut-être même à des terreurs plus grandes, dès là que la crainte révérentielle (θάμβος) que leur inspire ce surplus d'observations (προσκατανοήσεως) est incapable de découvrir la solution et de comprendre l'ordonnance des réalités essentielles. De là vient que, même si nous découvrons une pluralité de causes pour

---

(1) Il n'y a pas lieu de corriger en προσῄδεσαν (von der Muehll). L'orthographe ᾔδεισαν se rencontrera dans les LXX et chez Strabon ; c'est ici l'une de ces anomalies dont Epicure donne plus d'un exemple et que M. Bignone explique par son long séjour en Ionie. Pour le sens, cet emploi épicurien de πρόσοιδα est à ajouter dans Liddell-Scott-Jones, *s. v.*

les conversions, couchers, levers, éclipses et tous faits
du même ordre, comme ce fut le cas déjà quand il
s'est agi des phénomènes particuliers < d'ici-bas >,
[80] on ne doit pas croire que notre enquête à leur
sujet n'a pas atteint le degré requis d'exactitude pour
contribuer à la paix de notre esprit et à notre félicité. Dès lors, ayant considéré, par comparaison avec
< les phénomènes célestes > (παραθεωροῦντας), en
combien de façons se produit le phénomène semblable
d'ici-bas, il nous faut raisonner par analogie sur la
cause des phénomènes célestes et de tout le domaine
de l'inévident (1), pleins de mépris pour ceux qui ne
savent distinguer, dans le cas des choses dont l'image
ne s'offre à nous que d'une longue distance (2), ni ce
qui existe ou se produit d'une façon seulement, ni ce
qui est susceptible d'arriver de plus d'une façon,
et qui en outre ignorent à quelles conditions il est
impossible de garder la paix de l'âme, à quelles
conditions tout de même il est possible de la garder (3).
Si donc nous pensons que tel phénomène est susceptible de se produire aussi de telle autre façon, parce
que nous distinguons précisément ce fait qu'il peut
se produire de plus d'une façon, nous ne serons

(1) ὑπέρ τε τῶν μετεώρων καὶ παντὸς τοῦ ἀδήλου 80.4-5. Cf.
Hippocr., π. ἀρχ. ἰητρ., 1, p. 36. 15 Heib. διὸ οὐκ ἠξίουν αὐτὴν (sc.
τὴν ἰητρικὴν) ἔγωγε καινῆς ὑποθέσιος δεῖσθαι, ὥσπερ τὰ ἀφανέα
τε καὶ ἀπορεόμενα, περὶ ὧν ἀνάγκη ... ὑποθέσει χρῆσθαι, οἷον
περὶ τῶν μετεώρων ἢ τῶν ὑπὸ γῆν.
(2) <ἐπὶ τῶν> τὴν ἐκ τῶν ἀποστημάτων φαντασίαν
παραδιδόντων. Le complément de Bignone, <ἐπὶ τῶν>, a été
adopté par Bailey.
(3) J'adopte ici la transposition par von der Muehll des mots
καὶ ἐν ποίοις (B¹QCo : ἐφ'οἵοις FP³ Z) ὁμοίως ἀταρακτῆσαι de
la phrase suivante, 80.10.

pas plus troublés que si nous savons qu'il se produit de telle façon particulière.

« [81] Outre toutes ces remarques générales, il nous faut bien saisir ce point que le trouble fondamental pour l'âme humaine vient de ce qu'on regarde les corps célestes comme bienheureux et immortels dans le même temps qu'on leur attribue des vouloirs, des actions et des motifs en contradiction avec ces deux caractères, de ce qu'on est toujours à attendre ou à supputer, sur la foi des mythes, quelque châtiment terrible et éternel ou encore qu'on redoute l'insensibilité même qui est propre à l'état de mort comme si elle devait nous affecter de quelque manière (1), et de ce qu'enfin on subit ces craintes par l'effet non d'opinions mûries, mais de quelque représentation irraisonnée, si bien que, comme on ne définit pas le péril à venir, on ressent un trouble aussi grand ou même plus étendu que si l'on s'était fait sur ces choses une opinion. [82] La paix de l'âme consiste à être délivré de toutes ces craintes et à garder constamment en mémoire les vérités générales et essentielles.

« Dès lors, il nous faut porter notre attention aux données actuelles de la conscience interne et des sens externes, selon le jugement commun quand il s'agit de sensations communes, selon notre jugement propre quand il s'agit de sensations personnelles, décidant pour toute intuition actuellement présente d'après chacun de ces critères. Car, si nous portons notre

---

(1) Litt. « comme si elle devait exister pour nous ». ὥσπερ οὖσαν κατ' αὐτούς, cf. κ. δ. II. ὁ θάνατος οὐδὲν πρὸς ἡμᾶς, *Ep.*, III, 124.7 μηδὲν πρὸς ἡμᾶς εἶναι τὸν θάνατον.

attention à ces données, nous découvrirons à fond
la vraie cause d'où naquirent le trouble et la terreur,
et, percevant la cause des phénomènes célestes et
de tous les autres événements au fur et à mesure qu'ils
se présentent (τῶν ἀεὶ παρεμπιπτόντων), nous nous
délivrerons de tout ce qui suscite, chez les autres
hommes, les plus extrêmes terreurs. »

Lettre à Pythoclès, 85.9-88.3.

« Tout d'abord donc, il faut bien se persuader
qu'il n'y a pas d'autre fruit à tirer de la connaissance
des phénomènes célestes, qu'on les considère en
connexion avec d'autres disciplines ou séparément,
que la paix de l'âme et une ferme assurance, ainsi
qu'il en va de tous les autres ordres de recherche.
[86] Il ne faut non plus ni violenter les faits par une
explication impossible ni tenter une méthode de
recherche semblable de tout point à celle dont on use
quand on traite des genres de vie ou de la solution
des autres problèmes physiques, par exemple que
« l'Univers se compose de corps et de l'essence intan-
« gible (= le vide) », ou que « les éléments sont
« insécables » et toutes autres propositions analogues
qui ne comportent qu'un seul mode d'accord avec les
données des sens. Car il n'en va pas ainsi dans le cas
des phénomènes célestes : ces derniers peuvent se
produire en vertu de plus d'une cause, et il est plus
d'un prédicat pour déterminer leur essence, qui tous
sont également d'accord avec nos sensations. Car on
ne doit pas conduire l'étude de la nature d'après de
vaines assomptions et des légiférations arbitraires,
mais conformément à ce que réclament les phénomènes : [87] ce qu'il faut à notre vie, ce ne sont pas

des théories subjectives (1) ni des opinions creuses, mais le moyen de vivre sans trouble.

« Or, tout va sans secousse, en ce qui regarde toutes les choses qui comportent plus d'une solution en accord avec les phénomènes, lorsqu'on a une fois admis, comme il se doit, l'explication probable à leur sujet : mais si l'on accepte une théorie, et en rejette une autre bien qu'elle soit également conforme au phénomène, il est clair qu'on quitte entièrement le domaine de l'étude scientifique de la nature et dérive du côté du mythe. Or il faut rapporter à ce qui s'accomplit dans le ciel certaines indications que nous offrent les phénomènes d'ici-bas, car nous pouvons observer comment ils se produisent tandis que nous ne le pouvons pas dans le cas des phénomènes célestes : ceux-ci en effet comportent plus d'une explication de leur venue à l'être. [88] Néanmoins, il faut toujours s'en tenir à l'apparence de chacun de ces phénomènes, et, quant aux opinions qui se greffent sur cette apparence, il faut mettre à part les phénomènes touchant la production desquels on peut avancer des explications diverses sans heurter le témoignage des phénomènes d'ici-bas. »

Glanons, dans le reste de la lettre, un certain nombre d'aphorismes qui confirment l'une ou l'autre des thèses exposées jusqu'ici.

Sur l'accord avec les données des sens (φαινόμενα) :

90.4. Aucun des mondes qui se forment dans le vide

---

(1) ἰδιολογίας, correction d'H. Etienne d'après ἰδιαλογίας (BP¹ QCo), me paraît très supérieur à ἤδη ἀλογίας (FHP³ Z), pour continuer l'idée exprimée tout juste avant par ἀξιώματα κενὰ καὶ νομοθεσίας. On trouve, semble-t-il, ἰδιολογέω dans le même sens chez Philodème, *Acad. Ind.*, p. 4, Mekler.

ne peut grossir au point de se heurter à un autre monde « comme le déclarent tels des prétendus *physikoi* (Démocrite) : car cette doctrine est en contradiction avec les phénomènes ».

91.6. La grandeur du soleil, de la lune et des autres astres est, relativement à nous, tout juste ce qu'elle nous apparaît. « Toute objection sur ce point sera facilement résolue si l'on s'en tient à l'évidence des sens, comme je le montre dans les *Livres sur la Nature* (1). »

Sur la possibilité de donner, d'un même fait, plusieurs explications également conformes aux données des sens.

93.8. « Car aucune de ces explications (des solstices) ou de celles qu'on pourrait faire dans le même sens n'est en désaccord avec aucune des évidences sensibles, pourvu que, en de telles branches de la recherche, on s'en tienne constamment au possible et puisse rapporter chaque point à ce qui est en accord avec les phénomènes, sans redouter les artifices serviles des astronomes. »

94.1. La croissance et la décroissance de la lune peuvent être dues à plus d'une cause. « On peut recourir à toutes les sortes d'explication que nous suggèrent les phénomènes d'ici-bas pour rendre compte de ces aspects de la lune, à la condition qu'on n'aille point, féru de la méthode unique, rejeter sans fondement les autres méthodes, parce qu'on n'a pas considéré ce qu'il est possible à l'homme d'observer et ce qu'il est impossible, et que, en conséquence, on brûle d'observer l'impossible. En outre, il se peut que la

---

(1) Sans doute le l. XI. Selon Ep. aussi, les astres se meuvent en ligne droite, cf. Théon, *Comm. sur l'Almageste*, p. 339, Rome

lune tienne sa lumière d'elle-même, comme il se peut qu'elle la tienne du soleil. De fait, sur la terre aussi, on voit maints objets tenir leur lumière d'eux-mêmes, maints autres la tenir d'autres objets. Aucun des phénomènes célestes ne vient au travers de ces explications, si l'on garde en mémoire la méthode de l'explication multiple, si l'on embrasse d'une vue d'ensemble les hypothèses et les explications consonantes à ces phénomènes, si l'on ne jette pas les yeux sur les explications non consonantes pour les gonfler d'un volume factice et ne retombe pas, d'une manière ou d'une autre, dans la méthode de l'explication unique. Quant à l'image qui s'imprime en nous d'un visage dans la lune, elle peut être due soit à des variations dans les parties de la lune, soit à l'interposition d'autres corps, soit à toute autre des nombreuses voies d'explication qui se laissent considérer, pourvu qu'elle soit d'accord avec les phénomènes. Car, en ce qui regarde tous les phénomènes célestes, il ne faut jamais cesser de suivre cette piste. Car si l'on entre en lutte avec les évidences des sens, on ne pourra jamais participer à la vraie paix de l'esprit (1). »

Qu'il ne faut pas attribuer l'ordre du ciel à un gouvernement divin.

97.1. « Quant à l'ordre régulier des révolutions des corps célestes, qu'on l'entende de la même façon que dans le cas de certains des événements d'ici-bas. Et n'allons pas, à aucun prix, introduire en cette matière la nature divine : celle-ci doit être maintenue exempte de tout service public (ἀλειτούργητος), dans la plénitude de son bonheur. Si l'on agit autrement, toute la

(1) Voir encore 102.3-6, 112.6-8.

recherche des causes dans les phénomènes célestes ne sera plus qu'un vain mot, comme il est arrivé déjà pour quelques-uns qui ne se sont pas tenus à la voie du possible, mais sont tombés dans la futilité de croire que les choses ne peuvent se produire que d'une seule manière et de rejeter toutes les autres voies en harmonie avec le possible, parce que, entraînés vers des notions inconcevables, ils perdent de vue, dans leur considération du ciel, les phénomènes terrestres qui doivent nous servir d'indications. »

113.8. « Assigner une cause unique à ces phénomènes (la course régulière ou irrégulière des astres), alors qu'ils invitent à une pluralité d'explications, c'est pure folie. Cette pratique indécente est le fait de gens attachés aux vaines méthodes de l'astronomie et qui assignent à certains phénomènes des causes futiles, dès là qu'ils ne déchargent nullement la nature divine du poids des services publics (λειτουργιῶν). »

115. 9. « Les signes sur le temps qui se font voir chez certains animaux sont dus à une rencontre accidentelle des circonstances (1). Car ces signes

(1) αἱ δ'ἐπισημασίαι αἱ γιγνόμεναι ἐπί τισι ζῴοις κατὰ συγκύρημα γίνονται τοῦ καιροῦ, cf. 98.9 ἐπισημασίαι δύνανται γίνεσθαι καὶ κατὰ συγκυρήσεις καιρῶν, καθάπερ ἐν τοῖς ἐμφανέσι παρ' ἡμῖν ζῴοις. M. Ernout traduit ζῴοις (115.9) par « signes du zodiaque », et il est certain que l'action météorologique de ces signes jouera un grand rôle dans l'astrologie gréco-romaine, cf. Ptol., *Tetrab.*, II, 12, p. 95 ss. Boll-Boer, Bouché-Leclercq, *L'Astrologie grecque*, p. 366. Mais, sans parler du parallèle indiqué qui favorise le sens d' « animaux », il n'est pas question, que je sache, du zodiaque dans la météorologie grecque classique. Aristote, qui est le premier à parler des ζῴδια, n'en fait pas mention à ce sujet. En outre, ζῷον pour ζῴδιον est d'un emploi rare et tardif, Ps. Man., II, 166, Herm. Trism., *Korè Kosm.*, 18 (p. 468.6 Sc. τὰ ἀνθρωποειδῆ τῶν ζῴων). Enfin ἐξόδους ne peut signifier « levers » et de toute façon ne conviendrait guère aux

n'entraînent aucune nécessité telle que le mauvais temps en doive résulter par force, et il n'y a pas non plus de nature divine qui siège pour observer les sorties de ces animaux et qui accomplisse (1) ensuite les choses annoncées par ces signes. N'importe lequel des êtres vivants, si peu qu'il ait d'esprit, se garderait de tomber en une telle folie, et à plus forte raison l'être qui possède la plénitude du bonheur. »

Qu'il faut bannir les mythes.

104. 1-4. « Il y a encore bien d'autres explications possibles pour la production de la foudre : il suffit que le mythe soit exclu, et il le sera pourvu qu'on raisonne correctement par inférence sur les choses inapparentes en suivant les indications que donnent les choses apparentes (2). »

On peut ajouter enfin, à ces exposés des deux lettres, les n⁰ˢ IX-XII des *Pensées Maîtresses*, qui forment un même groupe.

k. d. X. « Si les moyens auxquels les débauchés demandent le plaisir délivraient leurs esprits de la crainte tant au sujet des phénomènes célestes que de la mort et des souffrances, s'ils leur enseignaient le

---

signes du zodiaque : ceux-ci ne « se lèvent » pas, ce sont les planètes qui « se lèvent » et, par leur passage en tel signe zodiacal, déterminent des effets terrestres. Mieux vaut donc s'en tenir à la traduction reçue (Bignone, Bailey) : ce sont les animaux qui, par leurs allées et venues, semblent annoncer le temps qu'il fera. Cette sémasiologie paysanne était bien connue en Grèce.

(1) ἀποτελεῖσθαι a sans doute des résonances astrologiques, mais pas avant l'époque romaine (ἀποτέλεσμα chez Philodème, 1ᵉʳ s. av. J.-C.). Ici, c'est simplement le sens classique de « s'accomplir », habituel chez Platon, Aristote et Epicure lui-même : cf. 104.2 ἐνδέχεται κεραυνοὺς ἀποτελεῖσθαι.

(2) Voir aussi 115.8 si l'on accepte la correction ἄμυθοι (Lortzing), pour ἀμύθητοι.

caractère limité des désirs et des souffrances, nous n'aurions jamais rien à leur reprocher... »

XI. « Si nous n'étions aucunement troublés par nos soupçons à l'égard des phénomènes célestes et de la mort, dans la crainte où nous sommes que ces choses aient pour nous de l'importance, et aussi par notre impuissance à comprendre que les souffrances et les désirs ont un caractère limité, nous n'aurions aucun besoin de l'étude de la nature. »

XII. « Il est impossible de bannir la crainte sur les matières les plus essentielles si l'on ignore quelle est la nature de l'Univers, mais qu'on soupçonne qu'il y ait quelque vérité dans ce que disent les mythes. En sorte que, sans l'étude de la nature, il est impossible que les plaisirs qu'on goûte soient entièrement purs. »

XIII. « Il n'y a aucun profit à se mettre en sécurité du côté des hommes tant que subsistent des soupçons sur les choses d'en haut, ou les choses de dessous la terre, ou, d'une façon générale, celles qui sont dans l'espace illimité (1). »

*
* *

Si l'on voulait définir d'un mot l'attitude morale que prônaient le plus volontiers les sages de Grèce vers la fin du IVe siècle, c'est peut-être le mot d'*ataraxie* qu'il faudrait choisir.

Tous les dogmes les mieux établis de l'esprit grec ont été radicalement subvertis. Pour le citoyen libre des petites cités helléniques jalouses de leur autonomie

---

(1) Le vide, où subsistent les mondes et les dieux.

et de leurs privilèges, rien n'était plus constant que l'horreur de la tyrannie : et voici qu'on obéit à des tyrans et que, peu à peu, par l'effet de la lente dissolution morale qu'engendre la tyrannie, on s'accoutume à cette obéissance ; bien mieux, on flatte le tyran, on le divinise, bientôt on le regarde comme le seul dieu. Pour l'artisan d'Athènes, qui avait appris à lire dans les poèmes d'Homère, qui avait assisté aux représentations dramatiques du théâtre de Dionysos, qui avait entendu, à l'Assemblée, les orateurs populaires, rien n'était mieux assuré que le sentiment de la supériorité du Grec sur le Barbare : et voici que Grecs et Barbares ne devaient plus former qu'un même peuple, respirant le même air, jouissant du même soleil, participant à une même famille unique qui comprendrait tous les hommes (1). C'était une croyance enracinée en l'âme grecque que le pouvoir et la gloire joints à une longue vie sont les conditions du bonheur. Or Alexandre sans doute avait conquis le monde, nulle gloire n'égalait la sienne : cependant il était mort à trente-trois ans (356-323). Quoi de plus vain, dès lors, que ses prodigieux exploits ? Et, depuis la mort d'Alexandre, ses généraux ne cessaient de lutter pour l'Empire. Ils n'avaient tous qu'un seul mot à la bouche, « délivrer la Grèce », mais n'étaient mus, au vrai, que par un même appétit naïf de dominer, se disputant comme des enfants.

---

(1) Combien cette idée deviendra courante dans toutes les écoles, et non pas seulement dans le stoïcisme, c'est ce que prouve l'épicurien Diogène d'Œnoanda (IIᵉ s. ap. J.-C.), fr. 24, col. I Will. καθ'ἑκάστην μὲν γὰρ ἀποτομὴν τῆς γῆς ἄλλων ἄλλη πατρίς ἐστιν, κατὰ δὲ τὴν ὅλην περιοχὴν τοῦδε τοῦ κόσμου μία πάντων πατρίς ἐστιν ἡ πᾶσα γῆ, καὶ εἷς ὁ κόσμος οἶκος.

Quand on faisait réflexion sur la destinée des hommes, comment ne pas souhaiter de vivre une vie cachée ? Comment ne pas aspirer à la paix de l'âme ? C'était la clé du bonheur et le dernier mot de la sagesse.

Épicure (341-270) enseigne qu'il faut se mettre en sécurité du côté des hommes et des dieux, de ses propres désirs et de ses propres craintes, et ainsi, armé contre toute atteinte, travailler avec quelques amis à maintenir la sérénité de l'esprit, qu'il compare à l'étendue calme des flots quand aucun souffle ne les ride (πρὸς γαληνισμόν, *Ep.*, I, 83.13).

Pyrrhon d'Élis (c. 365-275), sans avoir rien écrit, donne par sa vie même l'exemple achevé de l'homme entièrement mort à tout désir. On s'est étonné de cette indifférence. On a jugé qu'elle n'était pas grecque, que Pyrrhon, sur ce point, avait dû subir l'influence des gymnosophistes de l'Inde (1). C'est possible, mais il me semble que le progrès est tout logique qui, à partir d'un même fait d'expérience, les angoisses et les incertitudes de l'époque, et d'une notion philosophique commune, l'εὐθυμίη démocritéenne, a conduit Épicure et Pyrrhon au même terme, l'extinction des désirs, avec cette différence toutefois que Pyrrhon a poussé plus loin le détachement universel. Quoi qu'il en soit, la fin cherchée est identique.

---

(1) Pyrrhon, avec son maître Anaxarque, prit part à l'expédition d'Alexandre. Cf. Diog. La., IX, 63 ἐκπατεῖν τ' αὐτὸν καὶ ἐρημάζειν, σπανίως ποτ' ἐπιφαινόμενον τοῖς οἴκοι · τοῦτο δὲ ποιεῖν ἀκούσαντα Ἰνδοῦ τινος ὀνειδίζοντος Ἀναξάρχῳ ὡς οὐκ ἂν ἕτερόν τινα διδάξαι οὗτος ἀγαθόν, αὐτὸς αὐλὰς βασιλικὰς θεραπεύων, et V. Brochard, *Les Sceptiques grecs*, 2ᵉ éd. (Paris, 1923), pp. 73-75, Edw. Bevan, *Stoïciens et Sceptiques*, tr. fr. (Paris, 1927), pp. 121-122.

Si le mot ἀταραξία est le « leitmotiv » d'Épicure, il ne désigne pas moins l'attitude pyrrhonienne. « Pyrrhon d'Élis n'a laissé aucun écrit, mais son disciple Timon dit que celui qui veut être heureux doit considérer ces trois points : d'abord, que sont les choses en elles-mêmes ? puis, dans quelles dispositions devons-nous être à leur égard ? enfin, que résulte-t-il pour nous de ces dispositions ? Or donc *(a)* les choses sont toutes sans différences entre elles, également incertaines et indiscernables... *(b)* Quelle que soit la chose dont il s'agisse, nous dirons qu'il ne faut pas plus l'affirmer que la nier, ou bien qu'il faut l'affirmer et la nier à la fois, ou bien qu'il ne faut ni l'affirmer ni la nier. *(c)* Si nous sommes dans ces dispositions, dit Timon, nous atteindrons d'abord l'*aphasie*, puis l'*ataraxie* (1). » Ce point de doctrine est solidement établi. Diogène Laërce le répète dans les mêmes termes : « La fin selon les Sceptiques, c'est la suspension du jugement (ἐποχή), que suit comme une ombre l'*ataraxie*, au dire de Timon et d'Énésidème » (2), et pareillement Sextus Empiricus : « Les Sceptiques espéraient d'atteindre à l'*ataraxie* par la considération de l'incertitude propre aux données des sens et à nos concepts ; et, quand cette considération leur était impossible, ils se retenaient de juger (ἐπέσχον). Or, tandis qu'ils agissaient de la sorte, comme par hasard (οἷον τυχικῶς), l'*ataraxie* fit suite à cette suspension du jugement, ainsi que l'ombre suit le corps (3). »

---

(1) Aristoclès *ap.* Eus., *Pr. ev.*, XIV, 18, 2-3 = Ritter-Preller[8], n° 446. Trad. Brochard (p. 54) légèrement modifiée.
(2) Diog. La., IX, 107 = Ritter-Preller, n° 450.
(3) Sext. Emp., *Pyrrh. Hyp.*, I, 29 = Ritter-Preller, n° 452. Il est clair que οἷον τυχικῶς est une interprétation de Sextus

Au surplus, les ressemblances entre Pyrrhon et
Épicure ne s'arrêtent point là. On voyait Épicure
toujours patient et doux au milieu de maux sans
nombre, et l'on ne pouvait s'empêcher d'attribuer à
quelque vertu divine une si prodigieuse constance.
C'est un sentiment analogue qu'inspirait le spectacle
de « l'indifférence », de « l'apathie » manifestées par le
sage d'Élis. Timon admire comme il demeure « dans
une grande tranquillité d'esprit, toujours libre de
soucis, toujours égal à lui-même sans que rien
l'émeuve, indifférent aux fables spécieuses de la
science » (1). Ailleurs, pour dépeindre la paix du
sage, Timon recourt à l'image épicurienne du calme
plat de la mer (γαλήνη) (2). Et de même que Colotès
divinisait son maître, et que d'autres comparaient
Épicure au soleil qui chasse les ténèbres, Timon, lui

Empiricus. En réalité, il y a un lien étroit entre scepticisme et
ataraxie, peut-être, chez Pyrrhon, avec la nuance que marque
Brochard (p. 67) : « Son scepticisme procède de son indifférence,
plutôt que son indifférence de son scepticisme. » — On notera
(1) que, dans Diog. La. et S. Emp., la même image revient
(σκιᾶς τρόπον D. L., ὡς σκιᾷ σώματι S. E.) ; (2) que cette image,
dans Diog. La., est attribuée à Timon ; que le même Timon,
dans Aristoclès et Diog. La., garantit l'origine pyrrhonienne de
la doctrine des rapports entre l'ἐποχή et l'ἀταραξία. C'est dire
que la source première, commune à Aristoclès, Diogène Laërce
et Sextus Empiricus, est bien Timon, disciple immédiat de
Pyrrhon, et qu'ainsi la doctrine de l'*ataraxie* pyrrhonienne est
parfaitement établie.

(1) Tim. *ap.* S. Emp., *Adv. eth.* (= *Adv. math.*, XI), 1 (= fr. 67
Diels, *Poetar. philosoph. fr.*, Berlin, 1901, pp. 173 ss.) ῥῆστα μεθ'
ἡσυχίης | αἰεὶ ἀφροντίστως καὶ ἀκινήτως κατὰ ταὐτά, | μὴ
προσέχων † δειλοῖς † ἡδυλόγου σοφίης (δειλοῖς corruptum : αἴνοις
R. G. Bury [*Loeb Cl. Libr.*, 1936, t. III, p. 384], δίνοις Nauck ;
alii alia). Cf. Tim. *ap.* Diog. La., IX, 65 (*ibid.*, Diels) πῶς
ποτ'ἀνὴρ ἔτ' ἄγεις ῥῆστα μεθ' ἡσυχίης...

(2) Tim. *ap.* S. Emp., *Adv. eth.*, 141 (fr. 63-64 Diels) πάντη γὰρ
ἐπεῖχε γαλήνη, *ibid.* ἐν νηνεμίῃσι γαλήνης.

aussi, ne peut se défendre de comparer l'action rayonnante de Pyrrhon à celle du dieu soleil : « Voici, ô Pyrrhon, ce que je voudrais savoir. Comment, n'étant qu'un homme, mènes-tu une vie si facile et si paisible ? Comment peux-tu guider les hommes, semblable au dieu qui promène tout autour de la terre et découvre à nos yeux le disque enflammé de sa sphère (1) ? » Est-ce là pure flagornerie ? Je ne le crois pas. Celui qui, dans ces temps de misère (2), donnait l'exemple et livrait le secret d'un genre de vie merveilleusement équilibré (3) devait paraître à un jeune disciple comme un être semblable aux dieux.

Indifférence, apathie, ataraxie : cette attitude commune, avec des nuances diverses, à Pyrrhon et à Épicure, nous la retrouvons enfin dans l'école du Portique, fondée par Zénon à Athènes en 301. Cette fois encore, il s'agit de se rendre indifférent à tout ce qui n'est pas le vrai bien (4), insensible aux coups de la Fortune (5), inaccessible aux troubles du désir et de la crainte (6). Néanmoins, entre l'ataraxie pyr-

---

(1) Tim. *ap.* Diog. La., IX, 65 + Sext. Emp., *Adv. gramm.* (= *Adv. math.*, I), 305 = fr. 67 Diels. Tr. Brochard, p. 62.
(2) Diog. La., *Vita Epic.*, 10 καὶ χαλεπωτάτων δὲ καιρῶν κατασχόντων τηνικάδε τὴν Ἑλλάδα, et Ménandre, témoin direct, *Perikeirom.*, 282-285 πολλῶν γεγονότων ἀθλίων κατὰ τὸν χρόνον | τὸν νῦν — φορὰ γὰρ γέγονε τούτου νῦν καλὴ | ἐν ἅπασι τοῖς Ἕλλησι δι' ὅτι δὴ ποτε — | οὐδένα νομίζω κτλ.
(3) ἐξ ὧν ἰσότατος γίνεται ἀνδρὶ βίος, Tim. *ap.* S. Emp., *Adv. eth.*, 20 (= fr. 68 Diels).
(4) τέλος εἶναι τὴν ἀδιαφορίαν : Ariston, *St. V. Fr.*, I, 83.7.
(5) ὁ σοφὸς ὑπὸ τῆς τύχης ἀήττητός ἐστι καὶ ἀδούλωτος καὶ ἀκέραιος καὶ ἀπαθής : Persée, *St. V. Fr.*, I, 92.22.
(6) *Unde Stoici...* τὴν ἀταραχίαν τῆς ψυχῆς, *hoc est nihil timere nec cupere, summum bonum esse* : Chrysippe, *St. V. Fr.* III, 109.18.

rhonienne ou épicurienne et celle de Zénon, il subsiste une différence capitale.

Le détachement pyrrhonien ne se rattachait d'aucune manière à la science des corps célestes en faveur dans l'Académie, ni à la religion nouvelle qui en était issue. Si les choses « sont toutes sans différences entre elles, également incertaines et indiscernables », mieux vaut suspendre son jugement. Mais, d'autre part, il faut vivre. Et, puisque nous n'avons qu'une vie, il faut tâcher de vivre le plus heureusement possible. Le scepticisme n'est point de mise lorsqu'il s'agit de la conduite humaine. Pyrrhon, ici dogmatique (1), enseigne que le bonheur consiste en une totale indifférence : c'est là qu'est le divin, le souverain bien, d'où procède une vie parfaitement égale (2). Il n'est donc pas question de mettre son âme en accord avec l'harmonie du Tout. Savons-nous ce qu'est le Tout, et s'il existe un Ordre universel ? Ces recherches ne peuvent que troubler l'âme. Heureux l'homme qui, tel Pyrrhon, a su se délivrer des fables spécieuses de la science (3).

Quant à la doctrine épicurienne de l'ataraxie, loin d'être aucunement dépendante de la science du ciel et de la religion des dieux astres, elle part en lutte ouverte contre ces nouveaux dogmes platoniciens. Car, si l'on fait des mouvements célestes l'image de la

---

(1) Cf. V. Brochard, *op. cit.*, pp. 60 ss.
(2) ἢ γὰρ ἐγὼν ἐρέω ὥς μοι καταφαίνεται εἶναι | μῦθον ἀληθείης, ὀρθὸν ἔχων κανόνα, | ὡς ἡ τοῦ θείου τε φύσις καὶ τἀγαθοῦ ἔχει (Natorp : αἰεί codd.), | ἐξ ὧν ἰσότατος γίνεται ἀνδρὶ βίος, Tim. ap. S. Emp., *Adv. eth.*, 20 (= fr. 68 Diels).
(3) μὴ προσέχων αἴνοις (?) ἡδυλόγου σοφίης, Tim. ap. S. Emp., *Adv. eth.*, 1 (= fr. 68 Diels).

Nécessité elle-même, et si l'on attribue cette Nécessité à des volontés divines, il en résulte que tous les événements d'ici-bas seront commandés par le décret des dieux. Et, comme ces événements sont le plus souvent pénibles, on devra penser que les dieux nous poursuivent de leur haine, d'une haine qu'on ne peut fléchir et qui ne cessera jamais. C'est éterniser le règne de la crainte. Il n'est pas d'erreur plus pernicieuse.

Le stoïcisme en revanche se fonde sur une cosmologie qui se relie directement à celle de l'Académie. Il admet le caractère nécessaire des mouvements célestes, il voit dans ces mouvements la manifestation d'une Raison divine, il affirme que cette Raison conduit tous les événements terrestres par une règle inflexible. Et, tout ensemble, il proclame la morale de l'ataraxie, il enseigne que le sage n'est jamais troublé, jamais dominé par la crainte. Bien plus, cette doctrine de l'ataraxie n'est pas, dans le stoïcisme, un élément adventice sans rapport avec la science du monde. Le sage ne cherche pas à ignorer l'ordre du monde, à échapper aux mailles de la Fatalité : loin de là, c'est précisément parce qu'il connaît cet ordre et s'y soumet qu'il jouit d'une paix inaltérable.

Au terme d'une vie chargée d'épreuves, le vieux Platon, dans le *Timée* (90 *d-e*), enseignait que la paix de l'âme s'obtient par la connaissance de l'harmonie et des révolutions du Tout. « Que celui qui contemple » disait-il, « se rende semblable à l'objet de sa contemplation, en conformité avec la nature originelle (1).

---

(1) De l'âme intellectuelle, qui vient du Ciel et nous a été donnée par Dieu comme un δαίμων πάρεδρος. Cf. 90 *a* 2 τὸ δὲ δὴ περὶ τοῦ κυριωτάτου παρ' ἡμῖν ψυχῆς εἴδους διανοεῖσθαι δεῖ τῇδε, ὡς ἄρα δαίμονα θεὸς ἑκάστῳ δέδωκεν. En vertu de cette

Alors, quand cette ressemblance aura été achevée, le sage atteindra le sommet de la vie parfaite que les dieux ont proposée aux hommes, pour la durée présente et le temps à venir. » Quelques années plus tard, dans son dernier ouvrage (*Lois*, X 903 *b-d*), Platon montrait combien il est peu sage, et d'ailleurs inutile, de s'irriter contre son sort. « Car Celui qui prend soin du Tout a ordonné toutes choses en vue du salut et du bien de l'ensemble, de sorte que, pour chaque partie, en proportion de ses forces, les maux qu'elle souffre et les actes qu'elle produit sont ceux-là mêmes qui lui conviennent. »

Voilà le sol où prend racine la doctrine morale du Portique. On pouvait se désintéresser entièrement, comme Pyrrhon, de la science platonicienne et fonder la théorie du bonheur sur une sorte de technique du renoncement. On pouvait encore, comme Épicure, opposer science à science, chasser de l'Univers tout principe divin, et, dans ce monde ainsi vide de Dieu, chercher par la seule méthode de la limitation des désirs le moyen de vivre heureux. On pouvait enfin accepter la contrainte de la Raison universelle en la tenant pour sage et bonne, reconnaître dans la Nécessité une Providence et, dès lors, accorder son vouloir au Vouloir qui meut le Tout. On pouvait chanter, comme fera Cléanthe :

> Guide-moi, ô Zeus, et toi, ma Destinée,
> Vers cette place que vos décrets m'assignent.
> J'obéirai sans murmure (1).

affinité avec le Ciel, l'âme nous tire vers le haut, ὡς ὄντας φυτὸν οὐκ ἔγγειον ἀλλὰ οὐράνιον (90 *a* 7).

(1) J. U. Powell, *Collectanea Alexandrina* (Oxford, 1925), p. 229, n° 2.

C'était là encore une voie vers la tranquillité de l'esprit. Les Stoïciens ont suivi cette voie, avec une conviction si forte et si fervente qu'elle entraîna une foule d'âmes, inspira quelques-uns des plus beaux courages de l'antiquité et fit régner, de loin en loin, la sagesse parmi les gouvernants des monarchies hellénistiques et de l'Empire (1).

Or cette sagesse était une religion. Par la doctrine d'un Dieu partout présent et partout agissant, elle autorisait, voire elle conseillait les colloques avec le divin : Marc-Aurèle fut une sorte de mystique, Épictète nous a laissé des prières d'un accent admirable. Et cette religion stoïcienne fut essentiellement une religion cosmique. C'est l'Ame du monde ou le Dieu du monde que salue l'hymne de Cléanthe :

Tout cet Univers qui tourne en cercle autour de la terre,
C'est à Toi qu'il obéit, il va là où tu le mènes (2).

C'est en ayant les yeux toujours fixés sur l'Ordre du Tout (3) que Marc-Aurèle se conforte dans sa solitude : « Il faut bien enfin que tu sentes un jour de quel monde tu es partie et de quel Recteur du monde ton existence émane, et qu'on a déterminé d'avance, pour toi, une limite dans le temps, et que, si tu n'en uses point pour mettre le calme en toi (εἰς τὸ ἀπαιθριάσαι), il disparaîtra, et tu disparaîtras, et il ne reviendra jamais plus » (II, 4).

---

(1) Antigonos Gonatas, Marc-Aurèle.
(2) Powell, p. 227, n° 1, v. 7-8.
(3) εἰς τὸ πᾶν ἀεὶ ὁρᾶν, XII, 18.

Ainsi l'homme chétif, faillible, éphémère, prend-il appui sur la toute-puissance, la toute sagesse, l'éternité de Dieu. De là naît un mysticisme qui, allumant ses premiers feux dans le *Timée*, brille avec le plus d'éclat chez les disciples de Zénon.

BIBLIOGRAPHIE

Les *Epicurea* d'Usener (1887) restent la source indispensable. Pour les *Sentences Vaticanes*, cf. Usener, *Kl. Schr.*, I, pp. 297-325. Je me suis aidé aussi de la traduction italienne (avec notes) d'E. Bignone (Bari, 1920) et surtout de l'édition (avec trad. anglaise et commentaire) de Cyril Bailey (Oxford, 1926). — Sur la personne même d'Épicure, outre les *Epicurea*, cf. les papyrus d'Herculanum 176, 1289 et 1232, édités par A. Vogliano (*Epicuri et Epicureorum scripta in herculanensibus papyris servata*, Berlin, 1928), pp. 23 ss. (Epicureus incertus), 59-73 (Philod., π. Ἐπικούρου B et π. Ἐπικούρου) et la lettre à Idoménée « sur l'Orgueil » éditée par Ch. Jensen, *Ein neuer Brief Epikurs* (*Abh. Göttingen*, Phil.-Hist. Kl., III 5, Berlin, 1933), en particulier pp. 75-83 ; voir aussi l'article cité d'Usener et H. v. Arnim, *P. W.*, VI, 133 ss. (1909). — Sur la religion et la théologie d'Épicure, outre les *Epicurea*, cf. Philodème, π. εὐσεβείας (éd. Th. Gomperz, *Herculanische Studien*, II, Leipzig, 1866 : sur cet ouvrage, cf. surtout R. Philippson, *Hermes*, LV, 1920, pp. 225 ss. [Ier livre, 1re partie : critique des dieux mythologiques], 364 ss. [Ier livre, 2e partie : critique des δόξαι des philosophes, cf. Cicér. *n. d.* I], LVI, 1921,

pp. 355 ss. [IIe livre : exposé de la religion d'Épicure])
et π. θεῶν, A, Γ (éd. H. Diels, *Abh. Berlin*, 1916-1917),
la lettre (d'Épicure ?) éditée par H. Diels, *Sitz.
Ber. Berlin*, 1916 (XXXVII), pp. 886 ss. et Ch. Jensen, *op. cit.* ; voir aussi W. Scott, *J. of Phil.*, XII,
pp. 212-247, R. Philippson, *Hermes*, LI (1916),
pp. 568-608, LIII (1918), pp. 358-395, E. Bignone,
L'Aristotele perduto, II, pp. 335-538. — Sur Épicure
et Aristote, cf. l'ouvrage cité de Bignone, *passim*. —
Il va de soi que cette bibliographie ne vise pas à être
complète : c'est volontairement que je laisse de côté
tout ce qui regarde la canonique et la physique
d'Épicure : sur ce point, cf. J. Haussleiter dans le
Bursian de 1937 (Nacharistotelische Philosophie,
1926-1930), pp. 13-18, et ajouter l'édition de fragments
du π. φύσεως par A. Vogliano, *Rend. d. R. Acc. di
Bologna, Cl. di scienze morali*, sér. III, vol. VI
(1931 /2), pp. 33-76 (voir aussi Wolf. Schmid, *Epikurs
Kritik d. platonischen Elementenlehre*, Leipzig, 1936)
et *Public. Soc. Fouad I de Papyrol., Textes et Documents*, IV, Le Caire, 1940 (fragm. du L. XI). — Pour
les trois lettres et les *Pensées Maîtresses*, j'utilise parfois la traduction de M. Ernout dans son commentaire de Lucrèce, t. I (Paris, 1925). Les fragments
sont cités d'après la numérotation d'Usener (*Epicurea*, pp. 91 ss.).

1946. — Imprimerie des Presses Universitaires de France. — Vendôme (France)
O.P.L. 31.0455

EDIT. N° 21104   IMP. N° 10902

TABLE DES MATIÈRES

	Pages
Préface	VII
Chapitre Premier. — Le fait religieux au seuil de l'ère hellénistique	1
— II. — Vie d'Épicure	25
— III. — L'amitié épicurienne	36
— IV. — La religion d'Épicure	71
— V. — Épicure et la religion astrale	102

Cum permissu Superiorum